# 少ない物ですっきり暮らす

ミニマリスト
やまぐちせいこ

# はじめに

朝7時「お母さん！　定規が見つからない！」、「俺のネクタイ、知らない？」

わが家は朝の忙しい時間帯に「あれがない、これがない！」から始まることが多い家庭でした。家を出る直前になって「どうしよう！」と私に言う、片づけが苦手な家族たち。そんな家族にイライラし、朝から子どもたちを怒る日々……。本当は家族の1日の始まりを笑顔で見送りたいのに、一番に望むことを一番にできないというジレンマを抱えていました。怒っていると何だか1日疲れてしまい、やりたかったことは後回しで、気がつくとテレビ台にほこりが積もっている……。

「今日こそ棚の拭き掃除をしたかったのに……棚ひとつ、拭き掃除もできないなんて」

そんな暮らしを変えたくて、インテリアや収納をいろいろ変えてみました。でも変えたのはインテリアで、「暮らし」が変わったわけではありませんでした。そこで、棚に飾った雑貨をすべて取り除き、拭き掃除をしてみたところ、

「おや？　何だか掃除がしやすい」

棚ひとつからでしたが、それまでの「棚ひとつ、拭き掃除もできない！」と不満を漏らす「暮らし」に変化が起こったのです。本当に自分のやりたいことは、もっと実現する！

これをきっかけに、ものを通して「暮らし」と「人生」を考え始めました。片づけが苦手な家族も、片づけができないわけではなく、それぞれがものを管理できる量をオーバーしていたことに原因がありました。このことに気がつくまで、私は家族を見ているようで見ていなかったのでしょう。私が最初に手放したのは、「どうして片づけてくれないの？」という相手を変えたい気持ちだったと思います。それからは、家族で向き合い、話し合い、考えるようになりました。こうして、以前の私が、一番にやりたいと望んでいた、

「家族の1日の始まりを笑顔で見送る」

という、とてもシンプルな願いは実現しました。ものを減らしてみると、自分のことや、家族一人一人のこと。そしてまわりのことを考えるきっかけがたくさんあります。本を手に取って下さった、あなたの暮らしのヒントになるなら、一主婦として嬉しく思います。

# 目次


2 はじめに
8 ミニマリストって何？
10 私の部屋ヒストリー
12 ミニマルな暮らしの好循環
13 1日の家事スケジュール
14 わが家の間取り図

PART 1
## 「ミニマリスト」とものが少ないメリット
16 センスがいらなくなる
17 「お母さん、あれどこ？」がなくなる
18 掃除は劇的に簡単になる
19 いつでも人を呼べる部屋になる
20 迷うことが減る

PART 2
## ミニマリストのインテリア
24 ものを少なく保つルール
26 家族がくつろぐリビング
28 ダイニングチェアは2つ
30 置き畳で多用途に使える部屋
31 何もないオールマイティな部屋
32 白い家電で見た目をすっきり
33 雑貨は飾らないという選択肢
34 子どもが汚すテーブルこそ無垢
35 光のインテリアというごほうび
36 Column1 過去の執着と未来の不安の断ち切り方

PART 3
## ミニマルな炊事と収納
40 食器もシンプルに。最小限の数で
42 ミニマルな食器の選び方
43 人数ではなく、食べる量で揃える
45 「狭さ」が魅力になるキッチン
46 安全なキッチンで、子どもを叱らない
47 水切りカゴはタオルで代用
48 キッチンの収納
49 やかんが収納の特等席にあるわけ
50 苦手な料理は家族の総力戦で
51 シンプルなデザインで収納も美しく
52 からっぽ冷蔵庫のメリット
53 苦手な料理はシンプルにこなす
54 調理家電の収納は「家事終了」の証
55 便利グッズでスペースのミニマル化
56 クローゼット
57 押し入れはものの寝室
58 クローゼットをすっきり見せるルール
60 引っ越しのシミュレーションをしてみる
61 来客用布団は持たない
62 押し入れの洋服を減らすフロー

PART 4
## ミニマルな掃除と洗濯
66 掃除は気持ちを整える儀式
67 当たり前の風景で気づく幸せ
68 ものがないと、毎日の掃除はここまで届く

69 掃除道具はシンプルなものを
70 毎日のゴミの「見える化」
71 月1の「中掃除」で大掃除をしない
72 タオル、シーツを白で統一する
73 お気に入りのグッズで快適ランドリーに
74 洗濯の気分を上げるもの
74 掃除の気分を上げるもの
75 アイロンがけが大好きな理由
76 浴室掃除はスピーディに
77 トイレ&洗面所
78 Column2 マイペースな夫のものとのつきあい方

PART5 少ない服の着回し、ワンコーデ制服化

82 「ワンコーデ制服化」ワードローブ全紹介
84 カバン、靴下、靴
85 メガネ&アクセサリー
86 服が少ないのに「おしゃれ」と言われる?
87 洋服が少ないメリット
88 色は「3色ルール」で
89 バッグ、小物で印象を変える
90 ワンコーデ制服化で1年間着回す
95 白シャツもアレンジ次第
96 ときめくニットは、ものを増やす
97 服が少ないからこそ手入れを
98 肌の手入れに時間を取る
99 「マイベスト」には初期費用がかかる
100 カバンの中身も最小限に
101 メイク用品は肌に合う1カラー
102 Column3 増える部屋着は洋服を格下げしない

PART6 家族で少ないもので暮らす

104 家族で暮らすもの選び
106 ものを減らすとものを大事にする
107 子どもはシンプルなしくみが片づく
108 かならず相談してから処分する
109 家族のものをコントロールしようとしない
110 片づけの「3カウント」ルール
111 「片づけなさい」とは言わない
112 ものが見つかる子ども部屋
113 子どものクローゼット
114 子どもは18歳で独立を目指す
115 役割を与える、ごほうびを使う
116 育児の教科書
117 子育てで大事にしたいこと
118 毎日の家事に「余力」を残す
119 ホワイトボードは家族の伝言板
120 情報もミニマルに
121 心と体の調整術
122 問題は「家族会議」でスピード解決
123 ミニマリストは非常事態に強い
124 ミニマリストへのQ&A
126 おわりに

## 家族4人
## 最小限の暮らし

必要なものを残し、足りないものを買い足すことで、今の暮らしができ上がりました。
大事にしたのは、快適性と安全性。

# ミニマリストって何？

ミニマリスト（＝最小限主義者）とは、本当に大切なもの以外を削り、自分が大事にしていることに全精力を注げる人。ものが多い少ないは表面的なものに過ぎず、その先のマインドが重要だと考えています。

去年芥川賞を受賞したお笑い芸人の又吉直樹さんが、次のような主旨の話をしていました。

「バイトを週1回にすれば、週の半分バイトしている人に比べて、お笑いに費やす時間をたくさん確保できる。その2人の才能が同程度なら、週1回のほうが、売れる可能性が早くなる。周りに迷惑もかけていたし、芸人仲間からは、人間としてヤバいと言われていたけれど、僕は気にならなかった」

周囲からは奇異に見えても、その人にとって一番重要なものに全精力を注ぐ。これが私の考えるミニマリズムで、大事なことの順位づけができる生き方だと思います。

又吉さんの「お笑い」は、私にとっての「家族」。子育ては「期間限定の大事業」だと思っているので、限りある時間を子どもに注ぐつもりです。夫には仕事に集中できる環境を作ってあげたいし、家族には安心感を与えたい。そのために必要な精神的・肉体的余裕を生み出すため、すべてのムダを排除したいのです。

ものが少なければ、家事はラクになり、安全が担保され、家族と過ごす時間が増える。

それが、ミニマリストとしての私の生き方です。

この本では「ミニマリスト」を大事なことのために最小限にする人、「ミニマル」を最小限＆シンプルで簡単な仕組みという意味で使用しています。

ナチュラル、北欧、シンプルetc.
インテリアはさまざまなスタイルを経て、
今のミニマルにたどり着きました。

## 私の
## 部屋ヒストリー

### 30〜33歳　「Come home！」期

幼い子どもを抱えながら、仕事を「する・しない」で悩んでいた時期。家にいる時間が長かったので、女性誌やインテリア誌をよく読んでいました。当時は100円グッズを使った手作り雑貨が大流行。手芸女子の私も手作り雑貨にはまり、花柄やチェックの生地を使ったクッションカバーやカーテンをせっせと製作。甘ナチュラルなインテリアを楽しんでいましたが、男性陣からは「落ち着かない」と不評。

## 34〜35歳　北欧期

インテリアブログが流行り出し、「目の保養に」と見始めた北欧インテリアに夢中に。ファブリックパネルを手作りし、北欧雑貨のアイコン的存在、リサ・ラーソンのライオンも手に入れました。色や柄が派手な北欧雑貨は、ひとつ置けば、またひとつ欲しくなって……と、ものがどんどん増加。ものに振り回される自分は執着の塊を見ているようで、イヤに。ものを断捨離し、壁の飾りを取り外したら、ホッと落ち着く自分がいました。

## 36歳〜現在　シンプル〜ミニマル期

足し算から引き算のインテリアに方向転換。ちょうどこの頃、『伊礼智《いれいさとし》の「小さな家」70のレシピ』に出会い、シンプルでナチュラルな空間に憧れるように。白と木、アクセントとして照明や時計などに黒を選び、ちょい辛口なインテリアを楽しんでいました。でも、次第に黒の存在に「ザワザワ感」を覚え、白のボリュームを多めに。家具や家電も「ザ・スタンダード」なものに替え、ミニマルなインテリアに落ち着きました。

## ミニマルな暮らしの好循環

少ないもので暮らし始めると、時間の使い方ががらりと変わります。物理的な余裕は心のゆとりを生み、家族との関係も良好に。

### 家事が簡単になる

ものが少ないと片づけもアッという間で、すぐ掃除にかかれます。また、障害物のないキッチンは料理がはかどり、後片づけがスピーディー。すべての家事が効率化、時間の節約につながります。

↓

### ゆっくりした時間ができる

家事、お付き合い、ネットサーフィン……。必要以上に時間を割くことが減り、時間に余裕が生まれます。平日は10時に掃除を終えたら、子どもが帰宅する夕方までは自由時間。ひとりの時間を楽しみます。

↓

### 家族と向き合える

午後の早いうちに夕飯の支度を済ませ、子どもが帰ってきたら一緒に過ごします。話を聞いたり、遊んだり。触れ合うことで、子どもの成長を感じ取れ、ささいな変化にも気づくようになります。

↓

### 家族間のトラブルが減る

ものの管理がしやすくなり、「なくなった！」、「見つからない！」という兄弟間のバトルが減少。また、物事をシンプルに考えられるようになるため、話し合いがスムーズに、問題が長期化しません。

# 1日の家事スケジュール

1日の家事時間は働くお母さんに比べてやや多め。でも、自分時間がたっぷりあるので、家事に振り回されている感覚はありません。

| 平　日 | |
|---|---|
| 5:00 | 起床、洗濯機を回す、自分時間 |
| 6:00 | 朝食準備 |
| 6:30 | 夫・子ども起床、朝食 |
| 7:00 | 後片づけ、洗濯ものを干す（長女） |
| 7:30 | 掃除 |
| 9:00 | 家族を送って行く |
| 9:30 | 買いもの、自分時間 |
| 13:00 | 洗濯ものを取り込む・畳む、夕食準備 |
| 16:00 | 家族を迎えに行く |
| 17:00 | 子どもと話す、インコと遊ぶ |
| 18:00 | 夕食 |
| 18:30 | 後片づけ |
| 19:00 | 家族で過ごす |
| 19:30 | 風呂掃除（長男） |
| 20:30 | 入浴 |
| 21:00 | 自分時間 |
| 22:00 | 就寝 |

家事時間の合計＝約４時間、自分時間の合計＝約４時間半

朝の家事をひと通り終えたら、夕方まではひとりの時間。買いものに出かけたり、家で過ごすときは好きな読書を楽しみます。午後にはアイロンがけや夕食の支度を済ませ、子どもの帰宅後は話し相手に。夕食後は家族みんなでテレビ鑑賞。21時には母親業を終え、再びひとりの時間に戻ります。

65㎡ 3LDKに、夫、長男（13歳）、長女（11歳）と4人暮らし。子ども部屋は設けず、洋室2室を2人で使用。

## わが家の間取り図

PART 1

# 「ミニマリスト」と ものが少ないメリット

# センスがいらなくなる

ものを減らし、シンプルなデザインのものを持つと、値段以上に見えるようで、「それどこの？」と聞かれるようになりました。

不思議な話ですが、この現象は店舗による陳列方法の違いで説明がつきます。たとえば「ドン・キホーテ」などの量販店はものを所狭しと並べ、商品の豊富さと安さをアピールします。一方で高級店は、ものをポツンポツンと点在させ、ひとつひとつのよさを強調。後者が今の部屋です。

少ないものをゆったりと並べるだけなので、そこにセンスは必要ありません。ではものは超高級品かといったら、そうでもないのです。写真の椅子は2万円弱で、P100の財布は300円。シンプルなデザインを選べば、おしゃれに見えるものです。

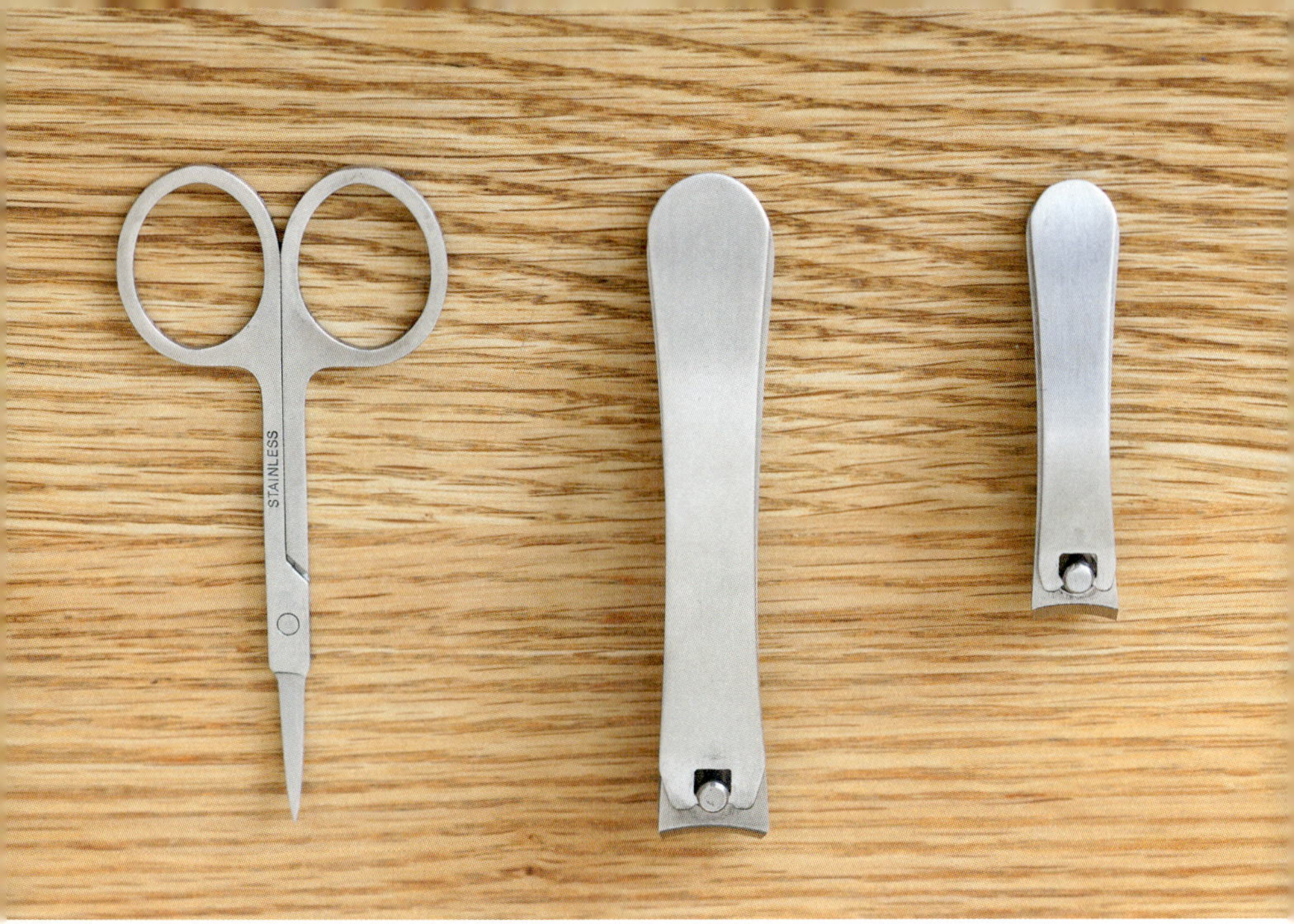


## 「お母さん、あれどこ？」がなくなる

ものが少ないと、収納スペースにすんなりと収めることができます。あれこれと工夫する必要がないので、収納のテクニックがなくても部屋は片づきます。

ものが多かった頃は、テレビや雑誌の収納法を真似て、失敗を繰り返していました。その頃に比べると、収納の考え方がシンプルになり、今は「どこに何を置くか」を考えれば済むように。家族の意見を取り入れながら、適材適所に配し、問題があったら見直す。とくに家族共有で使うものは、「この引き出しは文房具」、「あのケースは衛生用品」と仲間同士を集めるとイメージしやすいようです。

元々数が少ないので、覚えるのも簡単。おかげで「お母さん、あれどこ？」と聞かれることが、めっきり減りました。

## 掃除は劇的に簡単になる

ミニマルな暮らしを始め、掃除の範囲が家じゅうに広がっていきました。いつもいる場所しか掃除しなかった時代に比べると、これは大きな進歩です。

まず、ものをどかす手間がいらないため、いつでも取りかかれて、掃除のハードルが下がります。ほこりの温床になる雑貨や飾り棚もないので、床に掃除機をかければあらかた終了。拭き掃除も、雑巾1枚で、照明の傘、テレビ台、テーブルをササーッとなでるように拭くだけです。あれこれ持っていた掃除道具もシンプルになり、準備と後片づけがぐんとラクになりました。

これだけ簡単だと毎日続けられ、少ない労力できれいな家を維持できます。

## いつでも人を呼べる部屋になる

「今から行っていい？」という友人の電話に「いつでもどうぞ」と言えるのは、なんという爽快感！　人付き合いも最小限だからこそ、自宅を訪ね合う友人の申し出は、できるだけ断りたくないと考えています。

朝の10時には家じゅうの掃除が済んでいるので、お誘いの電話を受けてからやることといえば、作業中のものを片づけるだけ。本やノートパソコンを元の場所に戻し、クッションを整えてテーブルを拭く。子どものおもちゃ、絵の道具なども、量が少ないと散らかってもひどい状態になりづらく、ほんの10分もあれば片づきます。

ものが少ないと片づけがラクで、急な来客にも慌てずに済む。ゲストを穏やかな気持ちで迎えられます。

# 迷うことが減る

バッグをひとつ買うとします。色は？　形は？　大きさは？　いくつもの条件を比較検討し、「買う・買わない」の判断を下します。このとき、選択のもの差しを持っていないと、お気に入りを見つけられず、「ちょっとほかも見てきます」となりがちです。

ものを減らす過程で、たくさんからひとつを選び取る。この作業を繰り返すうちに、ひとつの価値観が定まり、選択のもの差しができてきます。「色よりも形が大事」、「素材は好みだけど小さいのでパス」など、優先実行力がついてくるのです。

人生は取捨選択の繰り返し。選択のもの差しを持っていると、寄り道したり、足踏みしたり……と悩む時間が少なくて済みます。迷いのない人生を送ることができるのです。

PART 2

# ミニマリストの
# インテリア

# ミニマリストのインテリア術

雑貨は飾らず、生活用品をおしゃれに。家具や家電は、白、黒、ナチュラルカラーの3色にしぼれば、すっきりとまとまります。

## ものを少なく
## 保つルール

もの好きなので、誘惑に負けないよう、
いくつかのルールを設けました。
慣れてくると「マイベスト」だけが手元に残り、
自分らしい空間が作れます。

### ックを持たない

わが家の備蓄倉庫は、ご近所のスーパーやドラッグストア。いつでも買いに行けるので、ストックは持たず、なくなりそうになったら購入します。タイミングが大事なので、気づいたときにホワイトボードにメモする習慣に。

### 好きなものと使うものは別

生活雑貨が大好きで、北欧デザインや南部鉄器など、欲しいものはたくさんあります。でも「雑貨を飾らない」と決めてからは、観賞用は持たないことに。買うのは「使うもの」だけ、と決めています。

### ストレス買いをしない

「人間万事塞翁が馬」という諺があるように、人生にはいいことも悪いことも起こります。心にさざ波が立ったときは、一晩寝て翌朝いつも通りに掃除を。ピカピカになった部屋から「美しい」という報酬を得て、物欲をセーブ。

### 捨てるときに創作しない

手芸好きなので、手作りワンピースの残り布などでいろんなものを作りたくなります。すると、生地が足りなくなって生地を買い足し……とものがものを呼んで増えていきます。残った布は潔く捨て、必要なときに買うように。

## 収納を増やさない

収納スペースが広いと、「まだ入る」という安心感から、ものを持つ基準が甘くなりがちです。逆に狭いと、「これ以上は入らないかも？」とものを吟味するように。衣装ケースやかごは安易に増やさず、必要なときに買い足します。

## タダのものは断る

ものを自分のもの差しで選ぶようになると、それとは違う「異物」を持ち込むのがためらわれます。無料で配布しているノベルティグッズやサンプル品もそのひとつ。家になじまず、結局はゴミになるため、受け取りません。

## 疲れていても管理できる量に

ものの量と管理は比例し、多いほど手間がかかります。いつも100%の力を発揮できるわけではないので、30%の力でも管理できる量を持つように。そうすれば、どんなコンディションでも頑張らずに対応できます。

## 引っ越しは自分でする

前回の引っ越しは、家族総出で約４時間。２トントラックを往復しました。引っ越しは業者にまかせず自分たちで行うことで、荷物の多さを実感。「こんなに大変だったら、少しは減らそうか？」という気持ちになるものです。

## 我慢するほど欲しくなる

「食べちゃダメ」と言うと余計に食べたくなるのが人の心理。ものも同じで、欲しいものを我慢すると、ストレス買いに走りがちです。そうはならないよう、欲しいと思ったらじっくり「マイベスト」を探して買い求めます。

## 書類は80%必要ない

「とりあえず」と取っておいた書類のほとんどは、見返すことはありません。家電の取説はネットで調べられ、保証書も１年を過ぎたら意味がないので、処分します。書類は、生命保険や住宅の契約書など、必要なものだけを保管。

こたつは天板を無垢材にリメイク。自分でメンテナンスができると、傷やしみがついても修復でき、長く使い続けることができます。

天板をリメイクしたこたつ

こたつは天板の塗装がはがれたため、「カチートファニチャー」でナラ無垢材に交換。

無印良品のソファ

大柄な夫がラクな姿勢でくつろげるよう、2.5シーターに。丸洗いできるカバーも◎。

IKEAのランプ

和紙からもれるやわらかな光でリラックスできます。手頃な価格で壊れても安心。

SEIKOの掛け時計

余計な要素を削ぎ落とした飽きのこないデザインで、その名も「STANDARD」。

## 家族がくつろぐリビング

食事、宿題、お絵描き、テレビ鑑賞etc.家族が1日の大半を過ごすリビングは、家具や家電を人並みに揃えています。

一度実験的にソファとこたつを外してみたところ、夫や息子から大ブーイング。以来、家族がリラックスできる部屋作りを第一に。クッションやラグにもこだわりました。

レイアウトも工夫し、テレビは隣の和室から見える位置に。夫がパソコン作業をしながら、家族の会話に参加できるようにしています。そうすれば、仕事が忙しい夫でも、家族と過ごす時間を確保できます。

夕食や入浴が済んだ夜21時には、すべてをリセットし、間接照明だけに。ひとりの時間をゆっくりと過ごします。

ニトリのランプシェード

「スナフキンランプ」に似たペンダントライト。琺瑯《ほうろう》風のぽってりとした傘が魅力。

無垢材のテーブルと椅子

テーブルは関家具の「MARUMEKKO TABLE」。椅子はNORTE。

鳥かご

白いワイヤーの鳥かごはネットで。白い壁になじんで部屋がすっきりまとまります。

電話台とケーブルBOX

無印良品のベンチを電話台に。電話線は木製のティッシュボックス（ニトリ）に入れて。

## ダイニングチェアは2つ

わが家の食卓は、リビングのこたつ。ダイニングでは食事を取らないため、椅子は2脚しか持っていません。

ここは玄関からも近く、来客の応対をすることもあるのですが、訪ねてくるのは大抵ひとりか2人。2脚では対面して座ることになるため、1対1でじっくりと向き合えます。子どもの勉強や会話にも、マンツーマンでつきあえて効果的。

テーブルはこたつの天板と同じ、ナラの無垢材。インテリアの統一はもちろん、子どもがうっかり汚しても、メンテナンスができる素材を選びました。油性マジックや墨汁も磨けばきれいになり、長く使い続けることができて、気に入っています。

# 置き畳で多用途に使える部屋

リビングの隣に位置する和室は、眺めと日当たりが自慢の部屋。入居時の畳が古くなり、床に置き畳を敷いて琉球畳風に。

クッション性のある畳はベッドや椅子が必要なく、部屋が広々。ここにはゲームとパソコンを置いて、日中はおもに子どもが使っています。また、洗濯ものを広げられるので、アイロンがけをするのにも最適。子どもの就寝後は夫のプライベートルーム兼寝室と、時間帯で用途が変わる多目的ルームです。

息子がお小遣いを貯めて買ったWii U。ゲームは1日30分と時間を決めています。親の目が届く場所に置いて監督。

夫のデスクトップパソコン。私は省スペース化が図れるノートパソコン派ですが、夫のものは本人任せに。口を出しません。

## 何もない オールマイティな部屋

空っぽの部屋は、娘の元個室。共有で使うおもちゃ、本を置いているため、「部屋に勝手に入った！」と兄弟喧嘩の毎日でしたが、個室化をやめたことで喧嘩がなくなりました。今は、日中は2人の遊び場として、夜は息子が寝室として使っています。

ほかに、折り畳み式のテーブルを置いて週末習い事のレッスンを受けたり、ときには子どものお泊り会を開いたり。ものがないと部屋の自由度が高まります。

折り畳みテーブルと座布団をセットすれば、勉強部屋に。何もない部屋は雑念を取り払え、集中力がアップします。

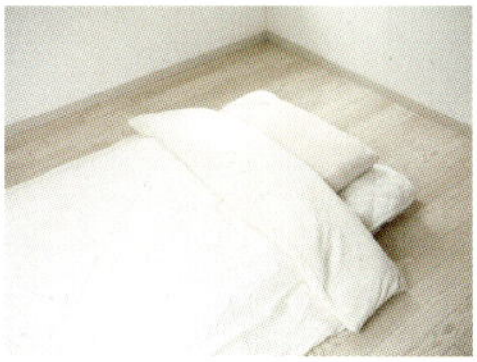

風邪やインフルエンザにかかったら、しばらくここで静養。家族への感染を未然に防ぎます。

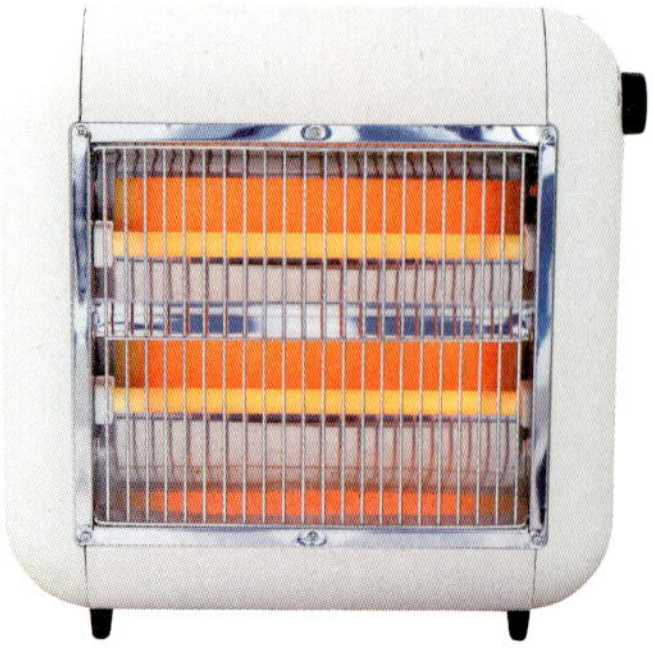

「プラスマイナスゼロ」のストーブ

## 白い家電で
## 見た目をすっきり

家電は、出しっ放しにするものも、出し入れするものも、白を選んでいます。壁のクロスが白なので、背景に溶け込んで、目にうるさくありません。インテリアは白の面積が広いと、すっきりとした気持ちのよい空間になります。

「シンガー」のミシン

「EUPA」のスチームアイロン

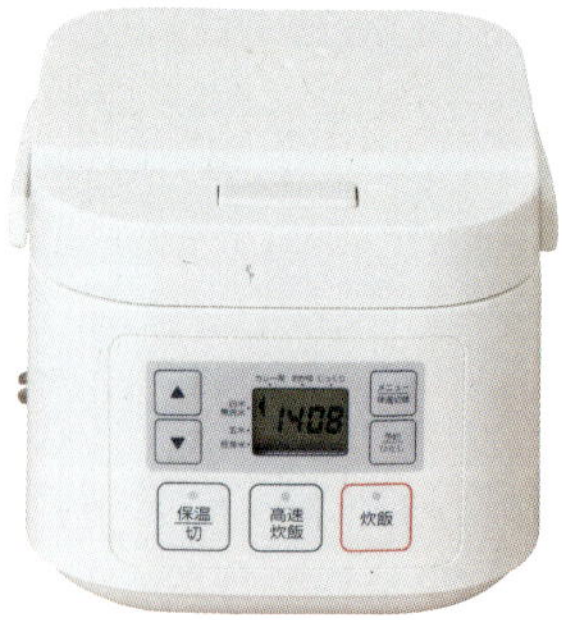


「ニトリ」の炊飯器

「無印良品」の扇風機

## 雑貨は飾らないという選択肢

インテリアが好きで、いろいろなスタイルを取り入れてきました。甘ナチュラル、北欧、シンプルetc. 北欧ブームのときは、北欧雑貨のアイコン的存在、リサ・ラーソンのライオンもゲット。特等席に飾ってみたもののひとつだけ浮いて、雑貨を足していくうちに、部屋がごちゃごちゃになってしまいました。

そんなとき『伊礼《いれい》智《さとし》の「小さな家」70のレシピ』に出会い、暮らしの道具を選べば雑貨は必要ないことを発見。本に掲載された家は、シンプルなデザインの家電や照明、時計を選び、すっきりとした居心地のいい空間を実現していたのです。

それからは、暮らしの道具を美観重視で選ぶように。雑貨を飾らなくても、インテリアを楽しめるようになりました。

# 子どもが汚すテーブルこそ無垢

こたつの天板はナラの無垢材。表面の塗装はオイルで、手触りは木の風合いそのままです。P27でもご紹介しましたが、天板だけ家具店に取り替えてもらいました。

表面の塗装は、傷や汚れ、水に強いウレタン塗装を選ぶと、新しいうちはメンテナンスがラクです。でも、長く使ううちに表面の塗装が劣化し、自分で手入れできなくなります。一方でオイル塗装は、ダメージを受けるものの回復力があり、セルフメンテナンスが可能です。気になる箇所をサンドペーパー（100番）でこすり、「オスモカラー　エキストラクリアー」を布に取って塗り込むだけ。

子どもが落書きをしたり、食べものをこぼすテーブルこそ、無垢材を選ぶ。手入れをすれば長く使え、一生一テーブルで過ごせます。

# 光のインテリアというごほうび

今の前身のブログにアップした写真に、こんなコメントが寄せられました。「カメラの機種、変わりました？　以前に増して、光がきれいに感じるのです」と。カメラは変えておらず、腕を磨いたわけでもありません。おそらく、光に対して私の見方が変わったせいだと思います。

ものが多かったときは、部屋に差す光に目を留めたことなどありませんでした。でもものがなくなった今、光と影の変化を眺めるのが何よりのごほうび。風で揺れる草木の影、畳に映る窓枠のシルエット……。刻一刻と変化する光のインテリアは、そのときどきの出会いだからこそ、儚く愛おしい。

小さな自然のごほうびは、たくさんの雑貨よりも、私の心を満たしてくれます。

Column 1

## 過去の執着と
## 未来の不安の断ち切り方

どうしても手放せないもののひとつに、子どもの写真や作品、思い出の品があると聞きます。わが家では要・不要の判断は子どもに委ねているため、子ども自身が管理する写真やアルバムはありますが、親として子どものものをやたらと取り置くことはありません。

子どもが幼い頃は私も母として未熟で、子どものものを見ると「どうしてもっと優しくしてあげられなかったのだろう」と自責の念に駆られることがあります。過去に囚われると今をダメにしそうな気がして、目の前にいる子どもたちと真摯に向き合うことだけを考えるようにしています。

私自身のものについては過去のものはほとんど残しておらず、家族の顔や幼い頃の思い出は心の中にあります。とくにお気に入りのものは写真に撮りデータ化して保存。管理がいらず、いつでもすぐに見返すことができて、気に入っています。

もうひとつ、ものが増える原因になるのがストック。洗剤、シャンプー、油etc.　私はほとんど持たず、防災用品も備えていません。徒歩15分圏内にあるドラッグストアやスーパーを備蓄倉庫と考えているからです。未来への不安の多くは、「もし、何かあったら……」という漠たるもの。その何かを具体的に考えれば、備えるべきものがわかり、ものはやたらと増えないように思います。

PART 3

# ミニマルな
# 炊事と収納

## ４人分の食器はこれだけ

欲しいから買うのではなく、必要だから持つ。
家族４人で使う食器は、これで十分事足ります。

## 食器もシンプルに。最小限の数で

飯茶碗×4

よそう量が異なるため、家族それぞれ4種類のデザインを。娘は小鹿田《おんた》焼をセレクト。

汁椀×4

わが家の定番、具だくさんみそ汁を入れる汁椀は、家族4人分。天然木なら素朴な料理にぴったり。

マグカップ×5

壊れたらそのつど買い足し、今の数に。夫と私が別々の店で調達したため、デザインも2種類。

中鉢×2

ご飯をさらさらとかき込める形状。夫と息子のお茶漬け用で、夫が選びました。

麺鉢・丼椀×6

麺鉢2つと丼椀を4つ。うどんやラーメン、親子丼などを、食べる量によって使い分けます。

湯のみ×4

来客用は持たず家族分のみ。足りない場合はマグカップで対応します。紺×白の水玉模様がレトロ。

家族の人数にこだわらず、盛りつける量で選べば、
数は少なくて済みます。全食器の使い道をご紹介。

大・中・小の角皿

手塩皿2枚、銘々皿2枚、長皿2枚。子どもの焼き魚は1/2尾なので、銘々皿を使います。

大・中・小の丸皿

食べる量で選べるよう、3cm違いを2枚ずつ持っています。シンプルな白なら料理を選びません。

グラス×5

コップも入れ替え制で、割れたら新調しています。写真は無印良品で見つけたもの。

グラタン皿×4

銘々で食べるグラタンは、家族の人数分用意。持ち手つきで、熱いものでも平気。

取り皿×7

直径17cmの平皿と深さ4.5cmのボウル。わが家の来客は大抵3人なので家族分と合わせて7枚所有。

大・中・小のガラスボウル

4サイズ7枚。サラダや酢のもののほか、調理道具として使うので多めです。蕎麦猪口代わりにも。

管理がしやすく、買い替えもラク。
定番品やシンプルなデザインを選ぶ理由は、そこにあります。

## 割れても困らないものを選ぶ

無印良品の「磁器ベージュシリーズ」のマグカップは、シンプルなデザインがお気に入り。定番品なので、割れても買い替えが利き、買いものにかける労力が最小限で済みます。

## ひとつの食器を多用途に使う

ムダな装飾のない、両手つきのグラタン皿。円形で深さがあるので、シチューやスープ、水餃子などの汁ものにも使え、食器を減らせます。100円ショップセリアのもの。

# 人数ではなく、食べる量で揃える

食器は割れるのを気にして使いたくないので、すべてリーズナブルなもの。白い器のほとんどは無印良品の「ボーンチャイナシリーズ」で、割れてもまた同じものが手に入ります。ものは「これ」と決めることで、探す時間が最小限で済みます。

1種類の枚数は、2枚、4枚、6枚とバラバラ。4人家族だと4枚買いがちですが、わが家は人数ではなく、食べる量で数を揃えます。たとえば焼き魚を丸々1尾食べるのは大人だけなので、長皿は2枚のみ。子どもは1／2尾しか食べないため、角皿で代用します。手塩皿も2枚しか持たず、みんなで使います。

この持ち方をしてから、食器を眠らせることがなくなり、まんべんなく使えるようになりました。

# 「狭さ」が魅力になるキッチン

家づくりの本を読んでいたとき、「広いキッチンは散らかりやすい」という記事を見かけました。なるほど、シンクや作業台が広いと、いくらでもものを放置できます。その点わが家のキッチンは狭く、ものがたまると作業が滞るため、積極的に片づけます。

狭いキッチンはまた、料理を人任せにすることができます。2人でキッチンに立つと腕が触れたり、お尻をぶつけたり……と互いにバツの悪い思いをします。だから「狭いから、そこよろしくね」と夫に委ね、「後片づけは私がやるから」と言ってキッチンを離れる。〝料理は夫婦のコミュニケーション〟と考えれば、案外正しい選択のようにも思えます。

# 安全なキッチンで、子どもを叱らない

私が育った3Kの実家はもので溢れ、キッチンに立つ母の後ろを歩いては足を踏み、よく叱られていました。ただそれだけの出来事ですが、怒ったほうも怒られたほうも、しばらくはモヤモヤとした気持ちをひきずっていたことを覚えています。

私には、「ものが原因で家族に怪我をさせたりトラブルを起こさせたくない」という思いがあります。そのため、できるだけ床にものを置かず、家具も生活動線を邪魔しない場所を選んで置いています。高さへの備えも万全で、冷蔵庫以外はすべて腰高に。背が高かったカップボードは、背の低いシェルフに買い替えました。

ものに気を取られず、のびのびと暮らす。子どもが走り回れる家が、私の理想です。

## 水切りカゴはタオルで代用

場所を取る水切りカゴは、わが家の料理部長、夫の反対もあって撤去しました。狭い作業スペースがますます狭くなり、調理の妨げになるからです。

代わりに使っているのがフェイスタオル。2つ折りにして食器を伏せ、拭き上げて食器棚に戻し、作業スペースをリセットします。水切りカゴを持っていたときは、食器を放置しがちでしたが、今ではサッと片づけるように。タオルなら洗濯機に放り込めばいいので、手入れもラクチンです。

キッチンにタオルがあると、ミトンや鍋敷きの代わりにもなり、本当に便利。ものを余計に持たずに済みます。

## キッチンの収納

吊り戸棚の奥行きを生かして、鍋やカセットコンロを収納。すぐ下で水が汲めるので、みそ汁や煮物を作るのに便利です。扉をきっちりと閉めて落下防止。

シンク周りに置きがちな洗剤やスポンジは棚に上げ、掃除をしやすく。ケースは白と透明で揃え、見た目をすっきり整えました。左端はキッチンペーパー。

シンク下は調理道具の「家」。夫や子どもがわかりやすいよう、仲間同士を集めています。フライパンやキッチンツールは、立てれば出し入れがラク。

ガスコンロの下には、液体調味料、やかん、水筒、弁当箱などを。数が少ないので並べるだけでよく、収納用品を導入する必要がありません。

# やかんが収納の特等席にあるわけ

ガスコンロ下の収納は鍋やフライパン、と相場が決まっていますが、私が置いたのはやかん。やかんの出番は1日1回ですが、この1回は私にとって大きな意味を持ちます。

毎朝5時に目覚めると、まずやかんでたっぷりのお湯を沸かします。シューシューと音を立てるやかんを見ていると、いつも通りの朝が始まるという安心感に包まれます。やかんは加湿器代わりにもなり、いずれ起きてくる夫や子どもを温まった部屋で迎えられます。自分のために1杯、夫や子どものために1杯。まるで朝の儀式のようにお茶を注ぐことで、心が安定に向かいます。

電気ポットも併用し、日中はこちらを。少ない分量を沸かすには効率がよく、出し入れの手間がいりません。

親が子どもと一緒にいられる時間は、そう長くはありません。わが家の子離れは18ですから（P114参照）、残された時間は10年足らず。苦手な料理はルーティン化し、浮いた時間を子どもと過ごすために費やそうと決意。

そのために、1週間の担当を決めています。平日の4日は私、金曜は子どもたち、土日のどちらかは夫。私は月曜に豚汁、水曜にきのこ汁をまとめて2日分作り、肉や魚、野菜のおかずを2品用意します。子どもはカレーやシチュー、グラタンなど。夫はあるものでチャチャッと作り、パンやお菓子も得意です。

今週も月曜に豚汁を出しましたが、子どもは「わーい」と言って嬉しそう。「飽きるかも？」という親の心配は杞憂で、「いつも同じ」は安心感をもたらすのかもしれません。

## 苦手な料理は家族の総力戦で

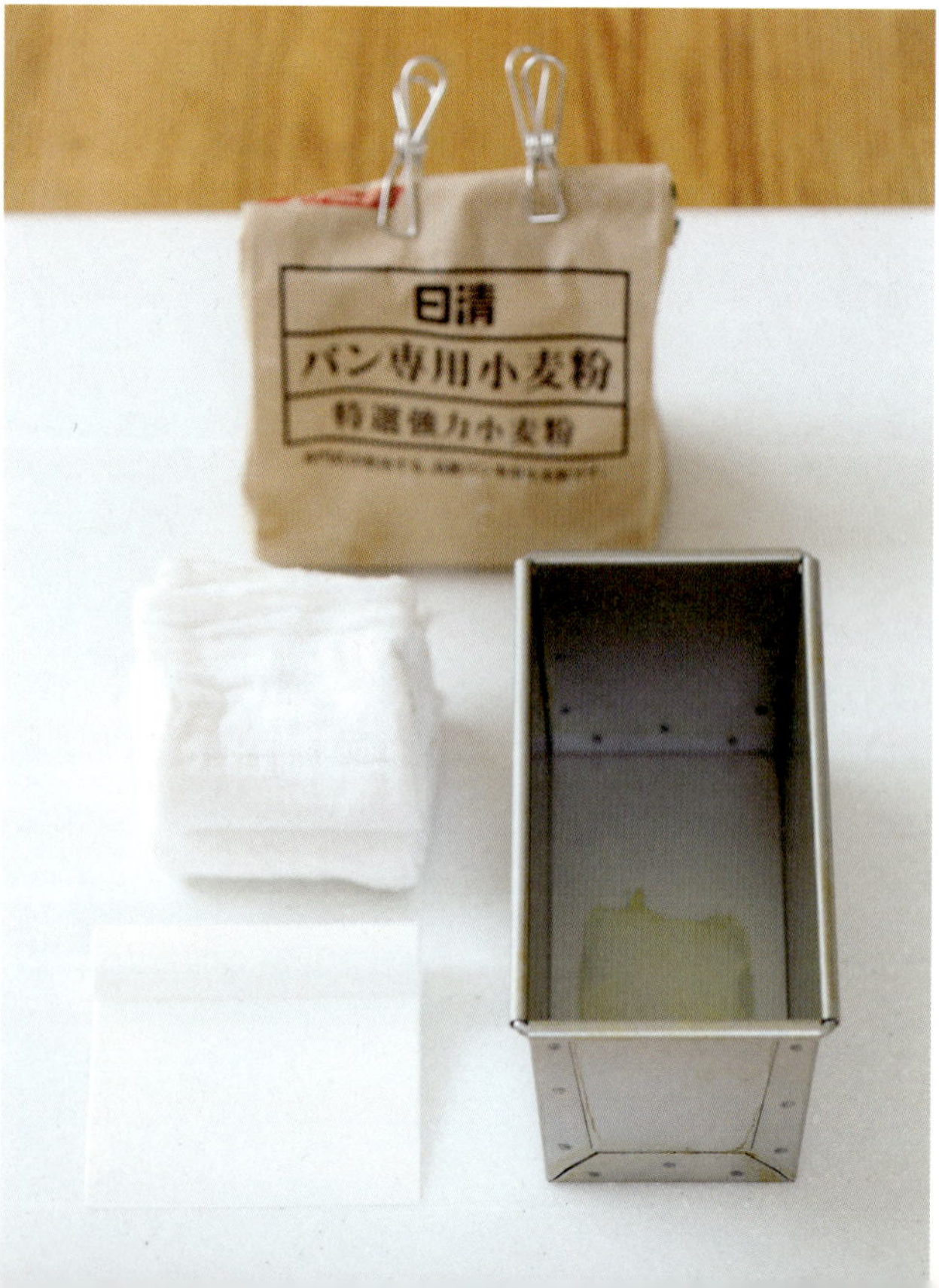

## シンプルなデザインで収納も美しく

限られたもので暮らすようになると、わずかな変化でも心が反応するようになります。

たとえば、食器棚のカトラリー。私が選んだのは１００円ショップのものですが、シンプルなデザインは数が増えてもすっきりとまとまり、引き出しを開けるのが楽しみになります。

また、脱衣所のタオルは色とサイズを揃えることで、積み上げても美しく、見るたびに心が躍ります。家の中に小さなサプライズがあると、毎日が楽しく暮らせます。

食器を白で揃えると、洗い終えた姿がきれいで、「美しい」というごほうびがもらえるよう。小さな喜びを家事のやる気につなげています。

冷蔵庫は、調味料や乳製品などの常備品が中心。2日に一度まとめて作るみそ汁は、鍋ごと保存。

空間に余裕があると、ものの状態がよくわかります。おいしさを逃さず、使い忘れも防止。

スーパーが近くにあるので、買いものはほぼ毎日。当日食べる分を購入します。

## からっぽ冷蔵庫のメリット

「今日のことは今日片づけ、明日のことは明日やる」。これが私のモットー。食品もその日食べるものを買い、夜には食べ切ります。使い切るプレッシャーやムダにする罪悪感がないので、気がラク。

からっぽの冷蔵庫は、食品の管理がしやすく、食べどきを逃しません。シナシナのナスも目につきますし、調味料も賞味期限のチェックが簡単。どちらも、ぎゅうぎゅうの冷蔵庫ではそうはいきません。

食費は家族4人、外食を含めて月4万円ほど。まとめ買いよりは割高ですが、かつてのようなムダを差し引くとトントンかな、と感じています。

# 苦手な料理はシンプルにこなす

私の料理デビューは10歳で、そのとき作ったのが親子丼。でき栄えはぐちゃぐちゃで、家族が渋い顔をして食べていたのを覚えています。以来、家事で一番の苦手が料理。

子どもが幼かった頃は一生懸命作っていたのですが、夫の帰りが遅く、誰にも喜んでもらえないこともあって、モチベーションが低下。それでも家族に栄養のあるものを、と考え出したのが、なんでも切って放り込めばおかずにもなる具だくさんみそ汁。これが、献立の柱になっています。

私と違って夫は料理好きなので、一度「もう少し頑張ったほうがいい？」と尋ねたことがあります。すると、「料理はシンプルなものが一番うまい！」との答え。その言葉に肩の荷が下り、ちょっと救われた気がしました。

## 調理家電の収納は「家事終了」の証

キッチンに出している家電は、電気ポットだけ。電子レンジや炊飯器、コーヒーメーカーは、使うときに出し、使い終わったらしまいます。

面倒にも思える家電の出し入れですが、じつは私にとって大きな意味を持ちます。家電をしまうことで、「家事終了！」というケジメがつくのです。カウンターに出ていると、リビングでくつろいでいても家事をやり残した感じがして、なんとも落ち着きません。パソコンやプリンターも同じで、出しっ放しにせず、出し入れします。

主婦で1日中家にいるからこそ、家事と自分時間の区別をしっかりつける。それには家電の片づけが有効です。

## 便利グッズで
## スペースのミニマル化

あると邪魔だけどないと困る……。
そんなとき、便利グッズが役立ちます。
畳めるシリコンバケツで、
家事を一歩前進。

大きさがネックだった洗い桶が、シェルフと床の隙間にすっぽり。シンクに置きっ放しにせず、これ自体が汚れません。

上から押し込めば、1段ずつ折り畳め、高さ5cmまで縮小。縁を引っ張れば、簡単に立ち上がります。

丈夫な素材で、水を溜めてもしっかり自立。ふきんの漂白や湯のみの茶渋取りなど、キッチンの汚れものが片づきます。

## Closet

夫婦の私物を収納した押し入れ。私の洋服は吊るし、
「見える化」しています。衣装ケースのほとんどは夫のもの。

冷蔵庫を食べものでぎゅうぎゅうにすると、使い忘れて腐らせてしまいます。押し入れもものを詰め込むことで、通気性が悪くなり、湿気の温床に。カビやサビを生み、ものがダメになります。

冷蔵庫も押し入れも、収納の考え方は同じ。ものや空気の通り道があれば、管理がしやすく、よいコンディションで収納できます。そのためには、物量を抑え、ゆったりと配置することが大事。とくに押し入れは、衣装ケースを壁にベッタリとつけ、奥を封印して死蔵品を生まないようにします。

押し入れは、1日働いたものが帰る家。明日また家族の暮らしを支えてもらうため、できるだけ快適な環境で眠りにつかせてやりたいものです。

## 押し入れはものの寝室

上／衣装ケースは2ケースを除いて夫のもの。右上から時計周りに、夏用衣類、予備のケース、私の私物、ボトムス、トップス、下着、Tシャツetc.。
右／上段には、私のバッグや折り畳みテーブルなども。

## 「見える化」で持ちすぎない

上部に突っ張り棒を渡し、すべての服を吊るしています。1シーズン過ごせば、「動いているもの」と「動いていないもの」がわかり、後者が処分の対象に。洋服の整理が進みます。

## クローゼットをすっきり見せるルール

押し入れは、内部を美しく整えることで、ものが増える抑止力になります。色や線を意識して、目からの情報量をセーブ。

## ケースの高さを揃える

同じサイズの衣装ケースは2段で揃え、高さをフラットに。凸凹せず、横一線になるため、見た目がすっきりします。リビングやキッチンの家具も板をのせ、段差を解消して一直線に。

## 空間を４割空ける

たとえば使わなくなった学習机を分解してしまうなど、急なものの収納にも４割の空きがあれば楽勝。すっきりと収まり、行き場に困りません。通気性も確保できるため、カビの心配もなし。

## 空き箱をひとつ用意する

今読んでいる本、検討中の商品カタログetc.　住所の決まっていないものをしまう場所がないと散らかりの原因に。空《から》の衣装ケースをひとつ用意し、一時置き場にしています。

## 色を白で揃える

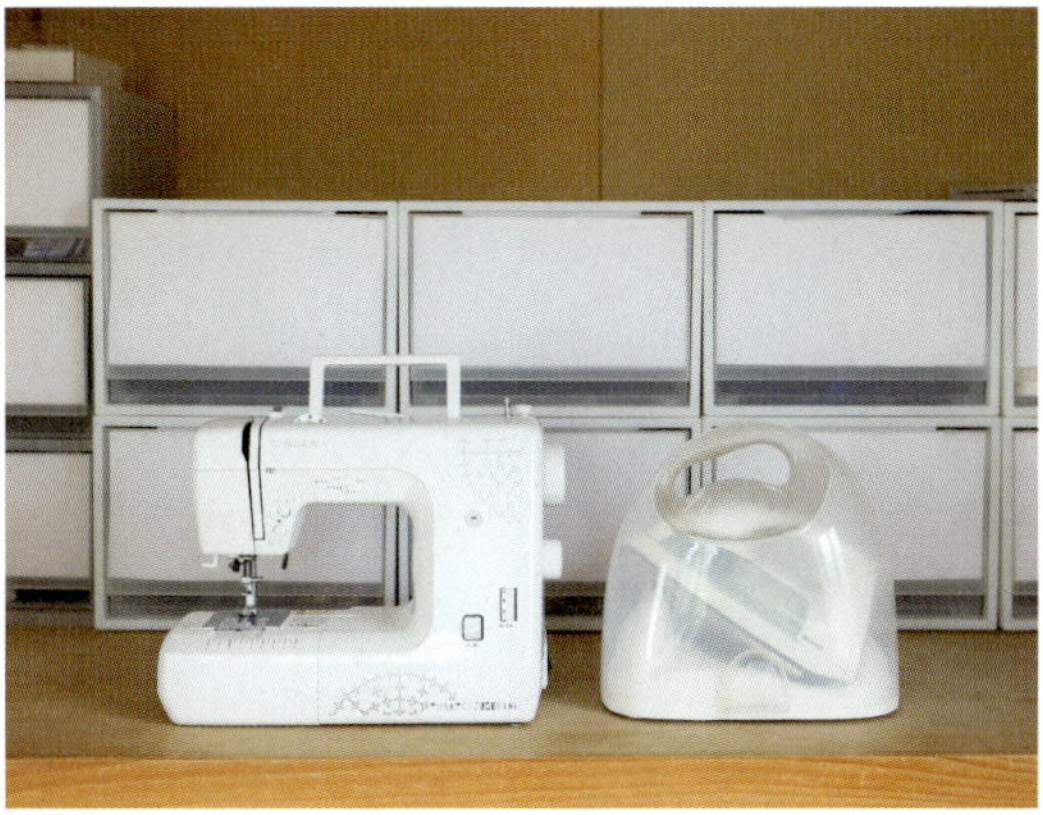

襖を開けたときに、色がごちゃごちゃだと気分が滅入るもの。そうはならないよう、家電や収納ケースは白で統一しています。ケースの正面は画用紙を両面テープで貼って、中身を目隠し。

# 引っ越しのシミュレーションをしてみる

わが家は転勤族で、結婚後の引っ越しは4回。辞令の数日後には新天地での生活が始まるため、できるだけスムーズに引っ越しを終わらせたいと考えています。

そのためのトライアルとして、毎年春先に行っているのが「なんちゃって引っ越し」。引っ越しをするつもりで、押し入れの中身を全部出し、同時に衣替えも済ませます。出すときはタイマーをセットし、かかる時間で物量を測定。時間がかかる場合は、3月の引っ越しに向けて、ものを整理します（ちなみに、昨年は5分で終了）。

下の写真は押し入れの中身で、衣装ケースを除くと、折り畳みテーブル、バッグ、アイロンとアイロン台、ミシンなど。季節の家電は北側の洋室に収納しています。

# 来客用布団は持たない

わが家の押し入れは和室の1カ所。ここには夫の布団とシーズンオフの寝具を収納しています。来客用布団は持っておらず、いざとなったら貸布団を調達する予定。1泊1セット2000円程度なので、管理コストを考えればそう高くはないと考えます。

寝具はニトリで、シンプルな白のヌードタイプを購入。敷布団は着脱が面倒なカバーはつけず、直接敷パッドを装着しています。パイル地の敷パッドは、冬は暖かく夏はサラリとし、1年中快適。季節替えを持つ必要がありません。また、丸洗いできるので、シーツも不要。

場所を取る寝具が最小限で済むと、押し入れはすっきり。便利な収納庫として生まれ変わります。

# 押し入れの洋服を減らすフロー

下着、靴下、裁縫道具、電子書籍。吊るした洋服を除けば、これが私の収納のすべて。結婚当初は衣装ケース20個だったので、8割減。減らしたもののダントツは洋服で、こうなるまでに4年の歳月がかかっています。

まず、2012年に「少ないもので着回す」という実験をしたところ、32着に減りました。そこでこんどは「1コーデ制服化」に挑戦し、今現在は14着に。洋服は一気に捨てず保管し、実験の結果が出たときに要・不要を考えて手放します。洋服整理の手順は、ルールを作る→合わないものを捨てる→楽しむ方法を模索する→足りないものを買う。

私の整理術は一気にものがなくなる「魔法」ではありません。生活の中で実験を重ね、ようやく衣装ケースひとつに辿り着きました。

PART 4

# ミニマルな
# 掃除と洗濯

## 毎日の掃除が簡単に

ものが少ないと、ものを収納するための
家具が必要なくなります。
散らかる量も減るので、床やテーブルが広々。
障害物のない部屋は、掃除がスイスイはかどります。

# 掃除は気持ちを整える儀式

自分の身の上に起こる変化は、それがたとえよいことであっても、小さいほうが望ましいと考えます。心の振れ幅が少ないほど、平常心を保ちやすいからです。

大きな変化が訪れると、(大抵は一晩眠れば忘れてしまうのですが)、ザワザワとした気持ちが翌朝まで残ることがあります。そんなとき私は、黙々と掃除をします。いつもと同じ手順で、いつもと同じ要領で。すると、マイナスだった気持ちが少しずつプラスに向かい、ゼロに近づいていく。いつもの自分を取り戻せ、気持ちが落ち着きます。

私にとって掃除は、気持ちを整える儀式のようなもの。心のモヤモヤがすーっと晴れるので、ストレス買いを防ぐのにも役立っています。

# 当たり前の風景で気づく幸せ

朝、家族に何かあって掃除ができないと、いつも写真のように上にどかす椅子やゴミ箱は床に置かれたまま。だから、この風景を見るたびに、「今日もまた、1日のスタートが無事に切れた」と幸せな気分になります。

今は家じゅうを掃除していますが、子どもが幼い頃はそうではありませんでした。ものが多くどけるのが面倒で、床が見えるところだけをやっつけで掃除していたのです。あるとき、奮発して買った雑貨がほこりだらけになっているのに気づき、これではいけないと棚1枚を拭くことからスタート。1枚が2枚になり、どんどん広がっていきました。

私が幼い頃、きれいに整った部屋は、母が家にいる証で嬉しかったもの。そのときの記憶が、今日も私を掃除に向かわせます。

椅子をテーブルに上げ、ゴミ箱をシェルフにのせたら、床掃除からスタート。掃除機をかけ、ラグやソファをどけて、フロアモップをすべらせます（1、2）。台ふきんに持ち替えて、テレビ台や照明、冷蔵庫の上（3）、コンロ台（4）を拭き掃除。最後に、玄関とトイレを掃除すれば終了。

# ものがないと、毎日の掃除はここまで届く

家事で一番好きなのが掃除。毎朝1時間以上かけて家じゅうを掃除します。部屋が散らかっていると片づけから始めなければならず、マイナスからのスタートに。その点、わが家は部屋を片づけてから出かけるのがルールなので、すぐに掃除が始められます。また、ものが少なく、どける手間がかからないため、その分の時間をほかの箇所に回せます。ラグやソファ、コンロの下など、見えないところまできれいにできて、気分までさっぱり。

掃除は、くすんでいた家がみるみるきれいになり、「気持ちがいい！」、「よく働いた！」という報酬が得られます。

## 掃除道具は
## シンプルなものを

掃く、拭く、落とす。掃除道具はシンプルな機能のものを選び、作業を単純化します。
洗剤は容器を詰め替えて使用。

マイクロファイバー＋雑巾

タオルサイズのマイクロファイバーを半分にカットして使用。雑巾は使い古したタオルやふきん。

フロアモップ

ヘッドをつけ替えれば、シートモップやほうきに変身する便利なモップ。無印良品のもの。

ちりとりとほうき

左で紹介したモップのヘッドのひとつ。ちりとりとセットで収納でき、玄関にすっきり収まります。

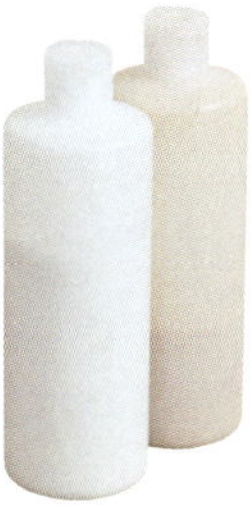

研磨剤、水垢洗剤

水拭きで落ちないガンコな汚れは「クリームクレンザージフ」で。「茂木和哉」は浴室や鏡の水垢に。

酸素系漂白剤

ふきんやタオルの煮洗い用。食器用の漂白剤は液体なので、見た目に区別しやすい粉末を採用。

掃除が億劫という人に、重い腰を上げる特効薬があります。掃除機で吸引したごみをそのつど処理するのです。私は毎日家じゅうに掃除機をかけ、モップで拭き掃除をしますが、それでもご覧の量。これだけの塵やほこりの中で、子どもが駆け回り、食事を取り、眠るとしたら……ちょっとゾッとして、1日たりとも手を抜けないな、という気になります。

掃除機は、「サイクロン式スリムスティッククリーナー　カラーペンシル」（シー・シー・ピー）を使用。吸込仕事率は80Ｗですが、今はこれ1台で広さ65㎡のアパートを掃除しています。グッドデザイン賞を受賞したデザインは佇まいが美しく、掃除の手を止めたときに、ふと目にする風景に癒されています。

# 毎日のごみの「見える化」

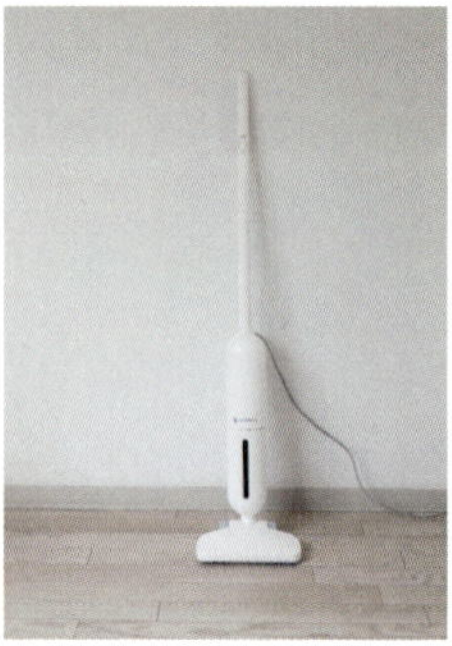

## 月1の「中掃除」で大掃除をしない

掃除好きな私ですが、毎日の掃除では「ここまで」という境界線を設けています。逆にいえば、手を抜きたい箇所もあり、そこには手を出さないようにしています。

たとえば、押し入れのスノコの下や冷蔵庫の裏、レンジフード、エアコン、網戸etc. これらは月1回くらいのペースで、天気がいい日に掃除します。私はこれを「中掃除」と呼び、毎日の掃除の次に大事にしています。

また、見落としがちな目線より上は、2、3ヶ月に1度、計画的に行います。押し入れの枕棚、桟や鴨居、カーテンレールetc. カーテンを洗うのも同じタイミングです。

毎朝、毎月、3ヶ月に1度の掃除で、年末の大掃除はとんとご無沙汰。慌ただしい年の瀬もゆっくり過ごせます。

# タオル、シーツを白で統一する

白いタオルがもの干し竿に並ぶ姿は壮観で、毎日の洗濯を楽しくしてくれます。

白は汚れが目立ちますが、無垢のテーブルと同じで、煮洗いや漂白で元に戻るという復元力があります。長く愛用でき、買い足しで色に悩むこともありません。

また、シーツに白を選ぶと、布団に紛れ込んだ子どものものを見つけやすいというメリットも。上掛けのカバーも白にして、探すのを容易にしています。

白いタオルは、梅雨時など長時間部屋干しするときほど、魅力を発揮します。見た目に美しく、気分が上向きに。

# お気に入りのグッズで快適ランドリーに

洗濯カゴは3つ持ち、色もの、白もの、ベルトやデニムを分けて入れます。選別の手間がいらず、洗濯がスピーディー。デザインにもこだわって。

ワックス、ブラシ、ドライヤーetc.ヘアケア用品はシンプルなデザインの白を探しました。天然素材のかごにまとめれば、インテリアにもマッチ。

## 洗濯の気分を上げるもの

洗濯ものを片づけるのが億劫なときは、ワイヤーバスケットや市場かごの出番。洗濯ものを放り込めば部屋がすっきりし、出しっ放しにしても絵になります。ワイヤーバスケットは無印良品のもの。

## 掃除の気分を上げるもの

右の靴ブラシは柄が木の枝で、ナチュラルな雰囲気がお気に入り。左の亀の子ブラシは浴室用で、元々の色は白。いずれも見た目がかわいらしく、つい使いたくなるから不思議です。

# アイロンがけが大好きな理由

家事アンケートでは、嫌いな家事の上位に上げられるアイロンがけ。私は大好きで、その行為は夕陽をぼんやりと眺める感覚に似ています。

毎日15時、1日で一番気持ちに余裕がある時間帯に、アイロンをかけます。庭に面した和室で、トネリコを眺めながら。霧吹きにアロマオイルを垂らせば、ひと吹きするたびに辺りにいい香りが漂います。ゆったりとした時間の中で、くしゃくしゃだったシャツがピンと生き返るのを見ているうちに、段々穏やかな気持ちに。

押し入れにシャツが整然と並ぶさまも美しく、気持ちがすーっと洗われるよう。「Good job!」という声が聞こえてきて、嬉しくなります。

## 家族で同じものを使えば浴室掃除がスピーディー

浴室に置いているのは、シャンプー1本、石鹸1個、ボディタオル1枚。家族共有で使えば少ない数で済み、どけるのに手間取らず、掃除のハードルが下がります。

リンスは持たず、コンディショニング配合のシャンプーを利用。すすぎが甘くならず、子どもでもしっかり洗い流せます。ボディソープは、消耗の早い液体から固形にスイッチ。

かみそりや軽石は持ち込み制にし、洗面所に収納。浴室をすっきり保てます。

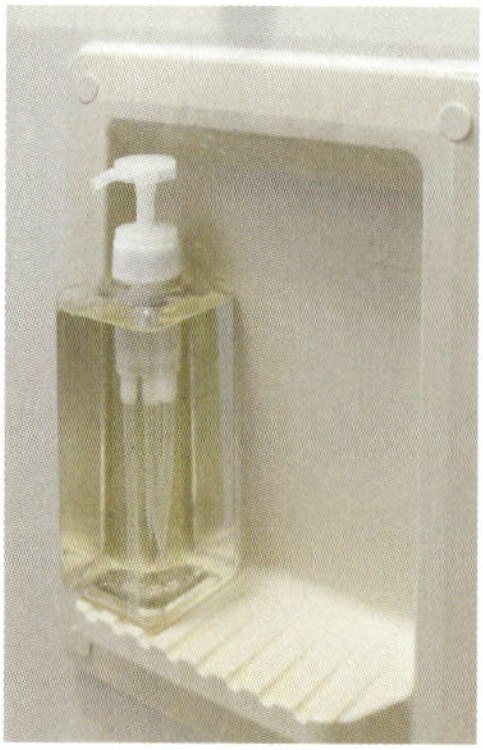

シャンプーは「カウブランド無添加シャンプー」（牛乳石鹸）。色の氾濫を防ぐため、透明のポンプ式ボトルに詰め替えて使用。

## トイレはものを置かず掃除をしやすく

飾りやマットをやめ、掃除を優先。ペーパーホルダーやタオル掛けなど、マストアイテムを好きなアイアンに替えるだけで、十分楽しめます。

## 白で統一した清潔感のある洗面所

毎朝、ポケットのものをどかし、雑巾で水拭きしています。時間はほんの1分。鏡や洗面台の水滴も拭き取り、水垢を防止。

珍しい白のT字カミソリは100円ショップ「ダイソー」で見つけたもの。歯磨き粉は無印良品で、シンプルなパッケージは見た目がすっきり。

Column 2

## マイペースな夫のものとのつきあい方

押し入れの衣装ケース９個とデスクトップパソコンが夫の私物。畳めないスーツは、洋室のクローゼットに収納しています。 あとは、靴と本が少々。

夫もものへの執着は少ないほうで、出会った当初は「もしかして、シャツ２枚で着回してる？」と思ったほど。結婚後も仕事着は増えましたが、ほかはそれほど変化がなく、夫のもので悩まされることはありません。マイペースな性格なので、「そろそろケースに入り切らないけど、捨てどきのものはない？」と声を掛けると、捨てるときは捨てるし、捨てないときは捨てないようです。

過去に１度だけ、「使っていないし、どうせバレないだろう」と、夫のものをこっそり捨てたことがありました。逆の立場だったら、「ひどい！　私のものを勝手に捨てた！　信じられない〜」と烈火のごとく怒ったはず。ところが夫は、悲しい顔を一瞬見せただけで、それ以上私を責めませんでした。その姿を見て「あ、こういうことはしちゃいけないな」と猛省。以来、穴の空いた靴下でも夫に確認し、捨てるかどうかの判断を委ねています。

PART 5

# 少ない服の着回し、ワンコーデ制服化

# 「ワンコーデ制服化」

上下セットをワンコーデとし、これを3組持って、1年間着回します。コーディネートに悩まないので、身支度もアッという間。時間や労力をほかのことに回せます。

## 「ワンコーデ制服化」のためのワードローブ全紹介

現在持っている服は14着。
紺と白のベースカラーを中心に、
着回しの利くベーシックな
デザインを選んでいます。

ボーダーカットソー×3

ボーダーは半袖、長袖の両方持ち、通年着回します。汚れを気にせず子どもと遊べる安価なものを。無印良品。

ボーダーTシャツ

トップスの1枚目はボーダー。カジュアルにもシックにも決まり、シーンを選びません。肌に合う紺×白を。

ベージュのチノパン

ベージュ特有のやわらかさで、白シャツや白ワンピをナチュラルに着こなせます。隣の白と同じ、無印良品。

白のチノパン×3

すっきりとしたコーデが得意の白パンツ。ハリのある生地で、太腿をカバーしてくれるボーイフレンド型を。

マウンテンパーカー

雨や風の日にサッと羽織るアウター。グリーンは紺や白と相性がよく、色で遊びたい気分のときに。無印良品。

ベージュのコート

着るものを選ばないステンカラーのシングルコート。ミディアム丈なら、ワンピースにもパンツにもぴったり。

ネイビーのパーカー

厚手のコットン素材で、季節の変わり目に重宝。フードつきは着ると表情が出て、アクセサリーが必要なし。

白シャツ

アレンジの利く白シャツをトップスの３枚目に。着こなしで雰囲気が変わるので、１枚あれば助かります。

ネイビーのダッフルコート

年齢、性別、スタイル、シーン……すべてを選ばないベーシックなデザインで、飽きがきません。ユニクロ。

手作りの白ワンピ

月居良子さんのスクエアワンピ。白のリネンは夏のコーデに清涼感をもたらしてくれます。体形カバーにも。

## カバンは3つ

色やサイズが異なる3タイプを持っています。鮮やかな赤のトートは差し色、合成皮革の茶はカジュアルコーデの格上げ役。黒のポシェットは、持ち手を短くすればフォーマルにも。

## 靴下は4バリエーション

靴下は、少ない服でファッションを楽しむキーアイテム。赤、青、辛子など、色のきれいなものを選び、足元のおしゃれを演出します。ベージュは、バッグやアウターを強調したいときに。

## 靴は2足だけ

白と黒のフラットシューズを1足ずつ。黒のプレーントゥはフェミニン、白のレースシューズはカジュアルに履きこなせます。本革は別途雨用を持つ必要があるため、どちらも合成皮革。

## メガネは気分で3つの中から

メガネはフレーム違いを3つ持ち、アクセサリー感覚でつけ替えます。上の2つは度入りですが、一番下は伊達メガネ。これがあるおかげで、アイメイクなしでも顔が貧相に見えません。

## 腕時計をアクセサリーに

アクセサリーは必要最低限。普段身につける腕時計にこだわります。右）シルバー、ゴールド、黒の3色使いならどんな服にもマッチ。左）ペンダントは友人、指輪は義母のプレゼント。パール調のネックレスは冠婚葬祭用。

# 服が少ないのに「おしゃれ」と言われる？

学生時代の私は、デニムとトレーナーで合コンに出かけるなどおしゃれとは無縁。結婚後はママ友の目を意識し、リネンのふんわりスカートをはいていましたが、服に着られたマネキンのようでしっくりきませんでした。

そんなとき、町を歩く老齢の女性に目が留まりました。彼女が着ていたのは、時代が変わっても色褪せない定番スタイル。これなら、髪型が変わっても、いくつになっても、身につけられる。やっと、自分のスタイルを見つけたようで嬉しくなったのを覚えています。

以来、服は自分に似合う「マイベスト」を持つように。全部お気に入りなので、どれも自信を持って着られ、毎日が楽しく過ごせる。人生で初めて「おしゃれ！」と言われるようになったのです。

# 洋服が少ないメリット

たくさんあるのにコーデが決まらない……。そんな悩みも、数を減らしたことでなくなりました。

衝動買いや収納問題も解決！

## 洗濯が楽しい

服の色がしぼられると、グラデーションで干すのが楽しみになります。毎日変わる洗濯ものをあれこれ組み合わせ、きれいに干せたときは、まるでテトリスのゲームをクリアしたよう！

## クローゼットが美しい

服は白、紺、ベージュの3色ルールに基づいて選んでいます。色が氾濫しないため、ごちゃごちゃせず、見た目がすっきり。また、洋服がゆったりと並んださまは、高級店のディスプレイを眺めるようで、うっとりします。

## 服の管理がしやすい

全部吊るせるので、見つけやすく、出し入れがスムーズ。そこには、「収納」という概念はありません。また、1コーデ3セットをローテーションで着るため、消耗度はほぼ同じ。買い替えも一度で済みます。

## コーデで迷わない

トップスとボトムスを組み合わせた1コーデを3セット用意し、ローテーションで着ています。あとは、場所や相手、気分に合わせて、アウター、靴下、バッグを選ぶだけなので、コーデが簡単。

## お金が貯まる

自分に似合うものがわかると、ときめくものを見つけても、「私には似合わないから」と買い控えるように。また、靴下やバッグなど、小さな変化で満足できるので、流行を追い求めなくなります。

## 服を丁寧に扱う

数が少ないと洗濯の回数が増えるため、消耗が早くなります。生地の傷みを抑えるため、洗濯ネットを使ったり、ハンガーを選んだり。小さなしわも見逃さず、アイロンを念入りにかけるようになりました。

## 色は「3色ルール」で

色がもたらす影響は大きく、一度に身につけるのは3色までと決めています。3色だと無難にまとまり、コーデのテクニックを必要としません。

洋服のベースカラーは紺と白、そしてベージュ。この3色は相性がよく、組み合わせによって雰囲気を変えられます。紺に白を合わせるとシックに、ベージュに紺を合わせるとカジュアルに、白にベージュを合わせるとやさしい雰囲気に。少ない枚数で着回すには、もってこいの色です。

差し色に使う靴下も、赤、青、辛子の3色。白いパンツや靴を合わせれば、センスがなくてもおしゃれに見えます。

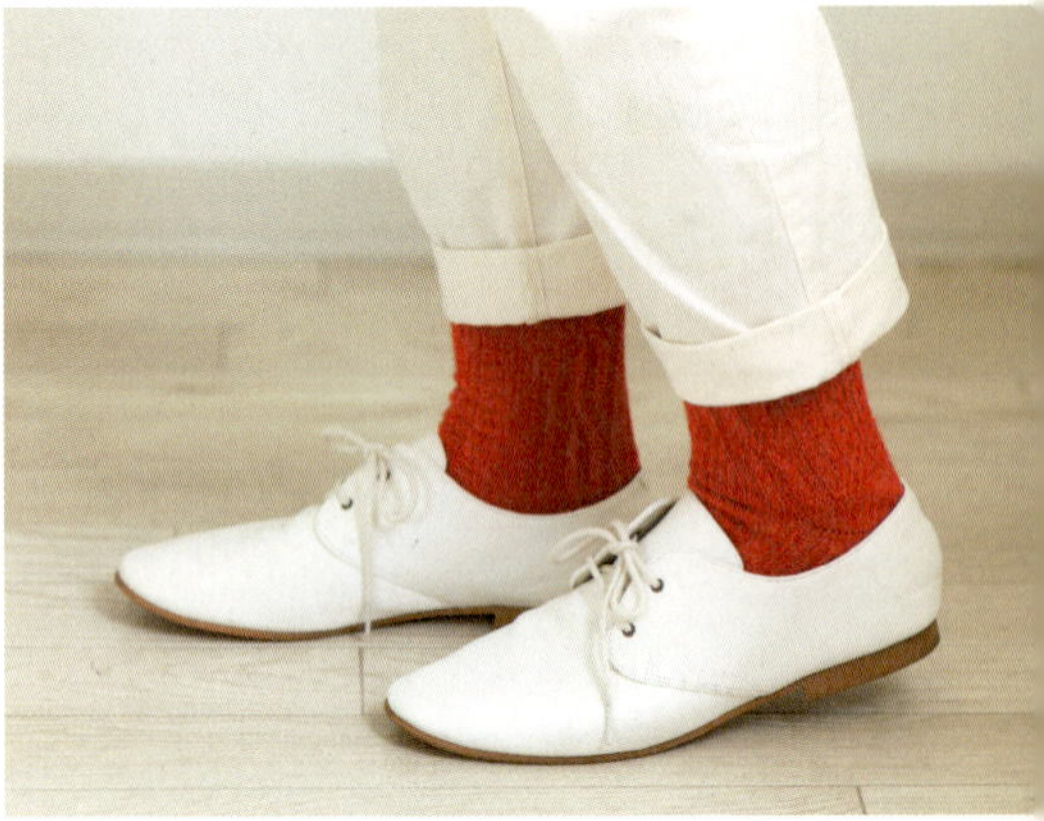

## 足元の印象は大きい

「1コーデ制服化」では、おしゃれの決め手は靴下。合わせる色によって、印象や気分が大きく変わります。赤、青、辛子ときれいな色を選べば、ストールやニットを持たなくても、差し色効果は絶大。

## バッグで印象を変える

3点の写真は、同じ服でバッグを持ち替えただけ。色や大きさ、持ち手の長さで、与える印象が異なることがわかります。赤のトートバッグはカジュアル、茶のショルダーバッグはシック、黒のポシェットはフォーマル。3パターンあれば、どんな場所や相手でも困ることはありません。

## ピアスなど小物の色を合わせる

ピアスはシルバーやゴールドを選びがちですが、ひとつ持つなら赤。
靴下やバッグと色を揃えて、コーデのアクセントにすれば、おしゃれに見えます。

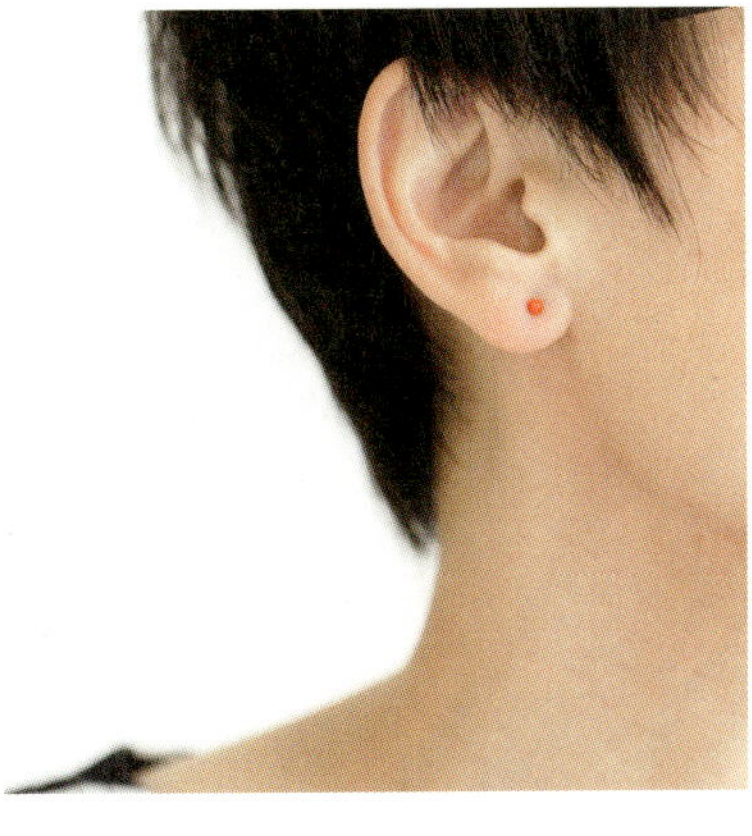

# 「ワンコーデ制服化」で1年間着回す

ボーダーカットソー×白パンツのワンコーデを、季節別にご紹介。コーデを考えるときは、必ず着て姿見でチェックし、客観的に判断します。

## -Spring-

### Coordinate

上）綿パーカーに異素材のバッグを組み合わせ、「きちんと感」を演出。バッグを引き立てるため、靴下はベージュを選びます。

左）赤をバッグと靴下の２カ所に投入し、明るい雰囲気に。

Arrange

## -Summer-

Coordinate

上）カジュアルになりがちな紺×白を、黒で引き締めたコーデ。ポシェットはフォーマル用で、持ち手を長くしています。左）青の靴下をプラスすれば、ぐっとモードな印象。

## -Autumn-

Coordinate

右）春のコーデにグリーンのパーカーをオン。定番のマリンスタイルが新鮮に見えます。差し色には、秋に恋しくなる赤を。

上）ベージュと黒で好感度の高い装いに。白パンツが軽やか。

Arrange

## -Winter-

Coordinate

上）秋のグリーンパーカーをダッフルコートにチェンジ。1枚羽織るだけで、大人のカジュアルコーデが完成します。左）バッグを茶に変えれば、シックな装いに。学校や読書会もOK。

## 白シャツもアレンジ次第

シャツの着こなしには、その人のセンスが現われます。ボタンを開ける、裾をインする、ベルトをつける……。小さな工夫で、同じシャツでも見た目の印象が変わります。

第1ボタンを留め、シャツの裾をイン。首とウエストをタイトにすれば、着こなしに緊張感が生まれます。知的さをアピールしたいときに。

前身頃を打ち合わせにしたカシュクール風。ボタンを全部開け、左右の身頃を重ねてはさみ、ベルトで固定。V字ラインで胸元がすっきり見えます。

# ときめくニットは、ものを増やす

ブルー、オレンジetc. きれいな色のニットを見ると胸がときめきます。最近では安価で発色のよいニットが出回っているので、店頭で目にするとつい手に取ってしまいます。

以前、ブルーのニットを購入したところ、うまく組み合わせられず、タンスの肥やしに。色がきれいなニットはそれに合わせてアウター、バッグ、靴……と買い足すうちにものが増え、けっこうな支出になりました。差し色にも使ってみましたが、機会が限定的なので、着回し14着のメンバーから除外。

今はニットを1枚も持っていません。防寒には、ユニクロの「ヒートテック」をカットソーの下に着用。冬でも温かに過ごせます。

## 服が少ないからこそ手入れを

「ワンコーデ制服化」を始めて、およそ半年になります。上下セットをワンコーデとし、これが3組。数が少ないので、かなりのヘビーローテーションになります。

服の枚数が減った分、1着あたりの使用回数は増え、服はくたびれていきます。だから、こまめに手入れをし、きれいな状態を保つ努力をしています。

洗濯の際は、必ず洗濯ネットを使用。乾いたらカットソーもアイロンをかけ、着じわを伸ばし、ネックラインを整えます。また、収納には、型崩れしづらいハンガーを採用。

最初から丈夫な高級品で揃える手もありますが、ズボラな私はきっと品質のよさに甘んじて手入れを怠るはず。気にかかる存在のほうが手入れをし、気持ちよく着られます。

# 肌の手入れに時間を取る

おしゃれな服を着ていても、手がガサガサ、爪がボロボロでは、素敵に見えません。逆に、肌や爪など細部のケアが行き届いている人は、どこか信用をおけます。

服を少ない数で着回すと、「また同じ服？」と思われがちです。おしゃれに無頓着で、不衛生に見えるのでしょう。そうは思われないよう、肌や爪を入念に手入れしています。

頼りにしているのが、高級美容クリームと同じ成分と言われる「ニベア」。こまめに手に塗り、入浴後はボディローションとしても使います。顔は化粧水パック、かかとは軽石でつるつるに。爪も磨いてネイルを施します。

自分をいたわるようになったのは、ものを減らし、時間に余裕が生まれてから。最小限の暮らしは、肌や爪をきれいにしてくれます。

# 「マイベスト」には初期費用がかかる

買ったばかりの靴が足に合わず、捨てるのが惜しくて取っておく。履く靴がないのでまた新しい靴を買って……とそんな経験、ありませんか？　これを経済用語で「コンコルド効果」といい、投資に費やしたお金や時間、精神的な負担を惜しみ、さらに投資を続けることを言います。

ものを「もったいない」という理由で持つとどんどん増え、「あるのに使えない」というストレスが生まれます。だから、「これは違う」と思ったら、潔く手放すのが大事。

たとえば靴は、ベストの1足を一発で見つけるのは難しく、「買う・手放す」を繰り返すためにお金がかかります。でも、足にぴったりと合う「マイベスト」を手に入れると満足し、もう1足、とは思わなくなります。

## カバンの中身も最小限に

他人目線を意識した、いわゆる女子力の
高いバッグは、卒業しました。
おかげで、重いバッグを持ち運ぶ
ストレスから解消。

「何かあったら」と荷物が増えるバッグは、「何もない」ことに気づいてから、軽量化が促進。常備しているのは、エコバッグ、携帯、印鑑、ハンカチ、ポケットティッシュ。メイク用品は外出先でいちいち汗崩れを気にするのがイヤなので、持ち歩いていません。

## 財布も小さく、ムダ使いをなくす

長財布から小さな財布に変えたら、お金が貯まるようになりました。パンパンは恰好が悪いため、現金を多めに入れず、予定外の支出が減少。財布はダイソーで買った300円のものですが、「どこのブランド？」と聞かれます。

## メイク用品は肌に合う1カラー

メイク用品は小さなポーチに収まるだけ。ファンデーション、リップクリーム、ルージュ、チーク、アイシャドー、アイブロウの6点です。

メイクはナチュラル派で、マスカラやアイラインは施しません。ファンデーションは薄づきのリキッドタイプを選び、「エトヴォス」なら手で伸ばせてスポンジが不要。また、石鹸で落とせるため、浴室にクレンジングを置かずに済みます。値段は約4500円とちょっと高めですが、下地、日焼け止め、クレンジングを買わずにすむと思えば、お得です。

アイシャドーはブラウン系、ルージュはベージュ系と1カラーのみ。メイク用品は服ではなく、自分の肌に合わせると、こんなに少なくて済みます。

Column 3

## 増える部屋着は
## 洋服を格下げしない

「洋服の整理が進まないのは部屋着のせい？」とブログでコメントをいただきました。

流行遅れやくたびれ感などから、外に着て行けなくなった洋服を部屋着に回し、数が増えてしまうようです。そうはならないよう、私は部屋着と外出着をはっきりと分けています。洋服は、用途別に持つと揃え方がシンプルになります。

部屋着は、この本でも披露していますが（P64）、Ｔシャツとパンツを上下１セット×２（１セットは洗い替え）。入浴後に身につけ、翌朝掃除を済ませたあと、シャワーで汗を流して外出着に着替え、１日過ごします。入浴後は家事をせず、部屋でのんびり過ごして寝床につくので、パジャマはなし。Ｔシャツは季節に応じて７分丈やトレーナーに替えるため、１年全６着で回しています。寒いときは家族共有のパーカーがあるので、それを羽織ればぬくぬくです。

ちなみに、トップスは白で揃え、Ｔシャツはユニクロ、７分袖はネットショップ「Friends」、トレーナーは無印良品で購入。パンツは、大好きな北欧柄「アルテック」風の生地を買い、ミシンで30～40分ほどで縫い上げました。

外出着を格下げせず、部屋着もお気に入りだと着ていて気持ちがいいもの。数が増えずに済んで、家で過ごす時間も楽しくなります。

PART 6

# 家族で少ないもので暮らす

## 壊れても いいもの

子どもが遊びの最中にうっかり壊してしまった……。そんなとき、ものよりも子どもの体を気遣いたいので、壊されても気にならない値段のものを置いています。写真の照明は1500円程度ですが、これなら「壊してしまった……」と罪悪感でいっぱいの子どもを、「高かったのに！」と責め立てずに済みます。

## 家族共通で 使えるもの

ちょっと羽織るのに便利なパーカーも、１年通しての着用率は２割程度。つまり８割は休眠状態なので、ひとり占めせず、みんなで使えば１枚で事足ります。しかも、男女を問わないユニセックスなデザイン。レディースのＬで、紺色を選べば息子にも合うため、私と子どもたちの３人で着回しています。

家族が共有で使うものは、快適性や安全性を第一に。
みんなの意見を大事にします。

## 家族がリラックスできるもの

私ひとりで過ごすなら、ソファやこたつ、クッションは必要ありません。でも、リビングは家族が集う場所なので、もの選びはみんなの意見を尊重しています。ソファとこたつは「ゴロゴロしたい」、「あったまりたい」という夫と息子のリクエスト。クッションは私の思いやりで、休日の家族の昼寝を快適にします。

## 子どもを守るためのもの

わが家の子どもはネットやゲームが大好き。放っておくと何時間もゲーム機の前から離れないので、1日30分と時間を決めています。そんな子どもたちにスマホを持たせると、際限なくネットやゲームをやるのは想像に難くないため、ここは親の権限で物理的に制限。通信手段はガラケーに限っています。

# ものを減らすと、ものを大事にする

人から聞いた話ですが、机から落ちた消しゴムを拾わない子どもが増えているそうです。消しゴムは塾の勧誘などで無料でもらうことが多く、拾わなくても困らないからです。

娘が同じペンを3本持ち、同時進行で使っていたことがありました。どれも書き味がイマイチなのですが、3本も持っているので新しいものを買うわけにはいきません。3本を気まぐれに使うので、消耗の度合いを計りかね、買い替えのタイミングもつかめない……。そこで1本に減らし、インクがなくなったら次を選ぶというルールに。

ものはひとつしかなければ大事にし、最後まで使い切りますが、たくさん持っていると扱いがぞんざいになります。最小限の暮らしでは、ものを大事にする気持ちが養えます。

# 子どもはシンプルなしくみが片づく

子どもがものを自分で管理できるコツ、それはシンプルなしくみです。分類、場所、方法、グッズ……のすべてを簡単にする。そして、そのしくみは家族全員で考えています。

たとえば、子どもが共有で使うぬいぐるみ。息子は片づけが得意ですが、娘は片づけが苦手です。そこで、娘が片づけやすいよう、ぬいぐるみ専用のケースを用意。写真のランドリーケースはシンプルな構造で、上からポイッと放り込むだけで片づきます。これを目につきやすい押し入れの手前に置けば、出し入れが面倒になりません。また、「ここに入るだけ」とルールを決めることで、持つ量をキープ。数が少ないと管理がしやすくなるので、子どもでも簡単に片づけられます。

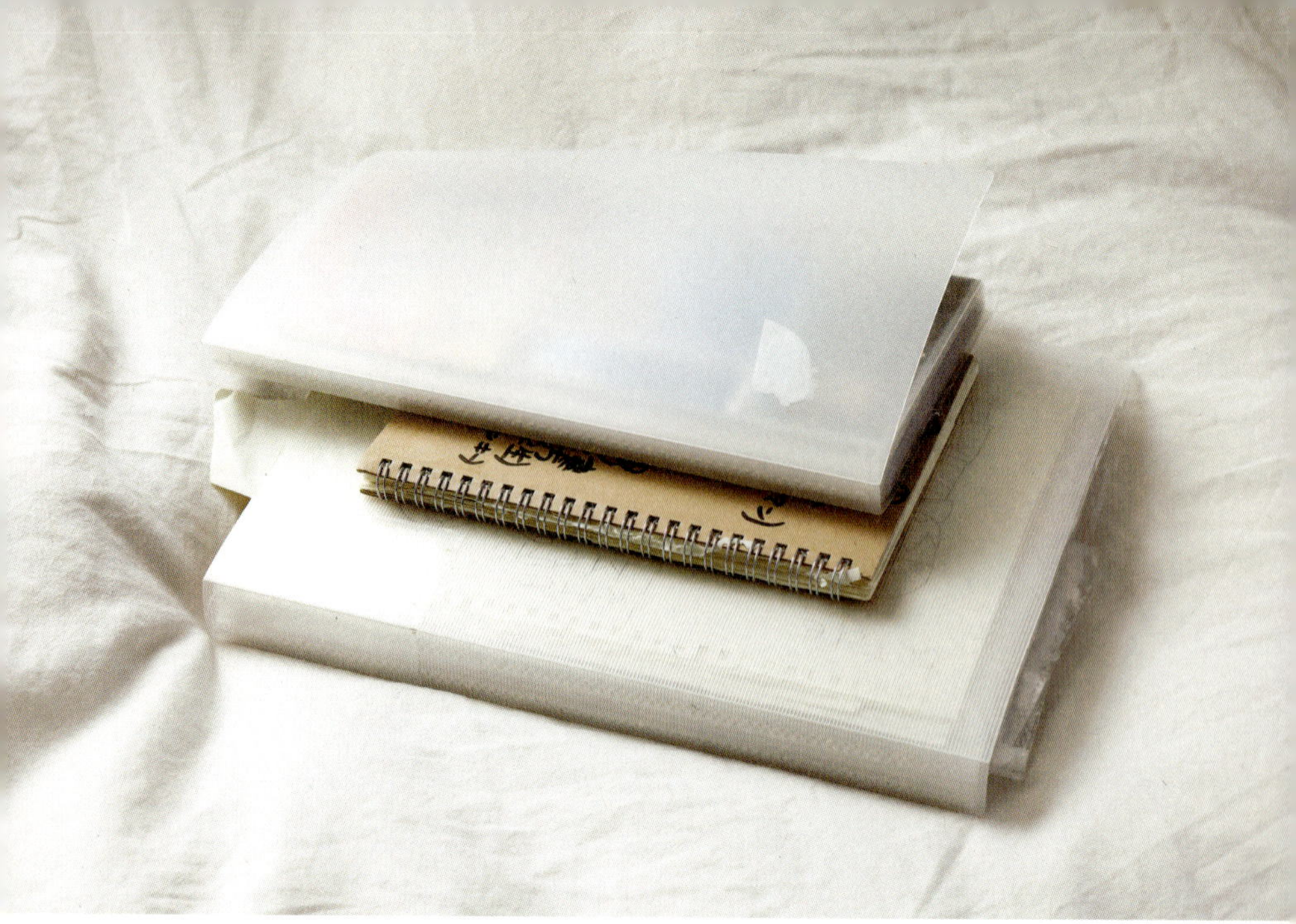

## かならず相談してから処分する

部屋に散らばった絵や工作を捨てようとすると、「ゴミじゃないのに」と子どもはふてくされます。親にはガラクタでも、子どもにとっては宝もの。片づけルール（P110）を守っている限りは、勝手に処分しません。

娘は絵や工作が好きで、学期末には学校から持ち帰った作品で部屋が散らかります。そこで、クローゼットに一時入れのボックスをひとつ用意。ここが溢れそうになったり、次の学期末の前になると、ふたりで一緒に整理します。まずは「捨てていい？」と聞いて、「まだダメ」といったら、次は「AとBどっちを残す？」と個別に聞いていきます。残ったものは保存用のファイル1冊に収め、いっぱいになったら見直し。絵を描くノートは5冊までと決め、こちらも整理を促します。

## 家族のものを
## コントロール
## しようとしない

ものの持ち方は、家族であっても人それぞれ。互いの価値観を大事にすることで、共同生活はうまくいきます。

### 人のものには手を出さない

個人の自主性を重んじるわが家では、もの選びも本人任せ。たとえ自分が気に入らないものでも、目をつぶって見過ごします。たとえば夫が買ったパソコンのマウスはブルーで、「黒にすればインテリアがまとまっていいのになぁ」と思うものの、口には出しません。ただし相談を受けたら、「黒がいいんじゃない？」とさりげなく伝えます。

### 収納を任せる場所を作る

勉強はダイニング、ゲームは和室……と、用途で部屋を使い分けていますが、収納スペースは別。２つの洋室の収納を、それぞれ息子、娘に割り当てています。最初のしくみは一緒に考え、ものを収納したあとは、子どもの自主管理に。「散らかってきたな」と気づいても手を出さず、自分の持ちものに責任を持たせます。

### ムダ遣いをあえてさせる

子どもの小遣いは息子が1500円、娘が900円。金銭感覚を身につけて欲しいので、買うものには口を出しません。むしろ、「くだらないもの、いっぱい買いなさい」と伝えています。たとえば娘は100円ショップでおもちゃを買っては「壊れた……」と嘆いていますが、私は「よしよし、お金の価値を学んだな」と喜んでいます。

## 片づけの「3カウント」ルール

片づけが苦手な子どもに「片づけて！」と命令するのは逆効果。ルールを決め、ステップを踏むことで、片づけられるように。

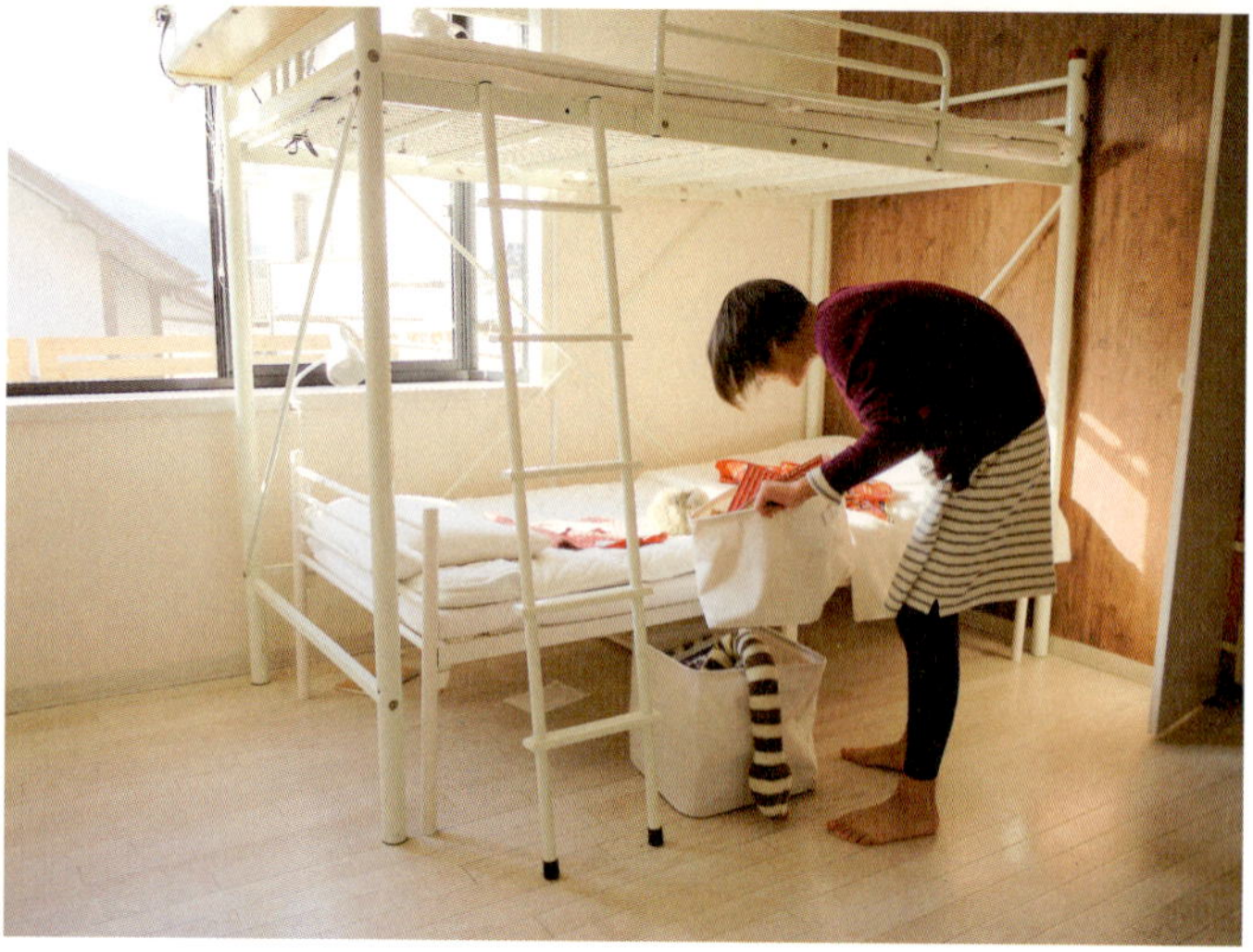

### ①片づけの期限を決める

親子の間で、「朝、家を出るまでに部屋を片づける」というルールを設けます。この時点で、出しっ放しになっているものは、「いらないもの」とみなして仮処分。「いつまで」と決めることで、片づけが習慣化します。

### ②残ったものは「仮」捨て場行き

登校後に出しっ放しのものがあったら、掃除をしながら拾い集めます。おもに、絵や工作などの紙製品が多く、仮捨て場であるキッチンの資源用ゴミ箱へポイ。子どもには伝えず、しばらく様子を見ます。

### ③ピックアップしなければ「捨て」を実行

資源ゴミの回収は2週間に1度。その間に子どもが「捨てられた」ことに気づけば、自分でゴミ箱の中から拾い出し、収納場所へ。気づかずゴミ箱に放置されたものは、ゴミとして処分します。

# 「片づけなさい」とは言わない

部屋が散らかっていても、引き出しがごちゃごちゃでも、私から「片づけなさい」とは言いません。そう言うと、「今しようと思っていたのに」と子どもは機嫌を損ねます。

先日も息子が登校前に学校の提出物が見つからず、慌てふためいていました。私はその様子を見守り、本人が困るまでじっと待っています。「ない、どうしよう、お母さん！」。その声がかかったら、片づけを教えるチャンス。ごちゃごちゃの引き出しからプリントを見つけ出し、いらないものは処分し、きちんと整頓しないと、自分が困ることを伝えます。

「片づけなさい」と言うのは簡単ですが、そう言ってくれる人が側にいなくなったら……。片づけも、早いうちから子どもの自主性を引き出します。

# ものが見つかる子ども部屋

この家に引っ越したとき、子どもたちそれぞれに自分の部屋がありました。でも、「私の部屋に入った」、「僕のものがない」と喧嘩が絶えないので、個室を廃止。1部屋を寝る部屋、もう1部屋をプレイルームにし、2部屋を自由に行き来できるようにしました。

学習机もありましたが、使わないので撤去。すると、何でも詰め込む癖がなくなり、探しものが減少。寝具やブラインドも白にしたら、ものが見つかる部屋になりました。

「ひとりだと何だか寂しくて集中できない」と、勉強は家族の気配を感じるダイニングテーブルで。使わなくなった学習机は処分しました。

## 息子のクローゼット

服は自分に似合う色を中心に13着。ほかは、学用品、文房具、漫画、アルバムなど。ミニマリストの素質がある息子は、ものに執着がなく、持ちものも少なめ。

## 娘のクローゼット

もの好きの娘は片づけが苦手。洋服はハンガーに吊るし、出し入れしやすくしています。住所のないものを入れるボックスも用意。

## ラベルで「見える化」

下着や靴下は、1ケースに1アイテムずつ収納。ケースは中身が見える半透明タイプを選び、さらに手書きのラベルを貼っています。

# 子どもは18歳で独立を目指す

「18歳になったら、家を出て行くんだよ」。子どもたちには、そう伝えています。いつまでも親元にいると、生きていく術を身につけないまま成長してしまいます。

親はいつまでも子どもの側にいられるとは限りません。夫は長寿の家系なので、その点は比較的安心なのですが、私は27歳のときに母を亡くし、私自身妊娠前に肝機能障害を患った経験から、病気のリスクが高いことを承知しています。

だから、早くから独立を促し、それまでに最低限の家事を教えておきたい――。お手伝いを対価性にしているのは、そんな理由もあります。「家のことができないのは、親が教えてくれなかったから」という言い訳を、大人になった子どもにさせたくはないのです。

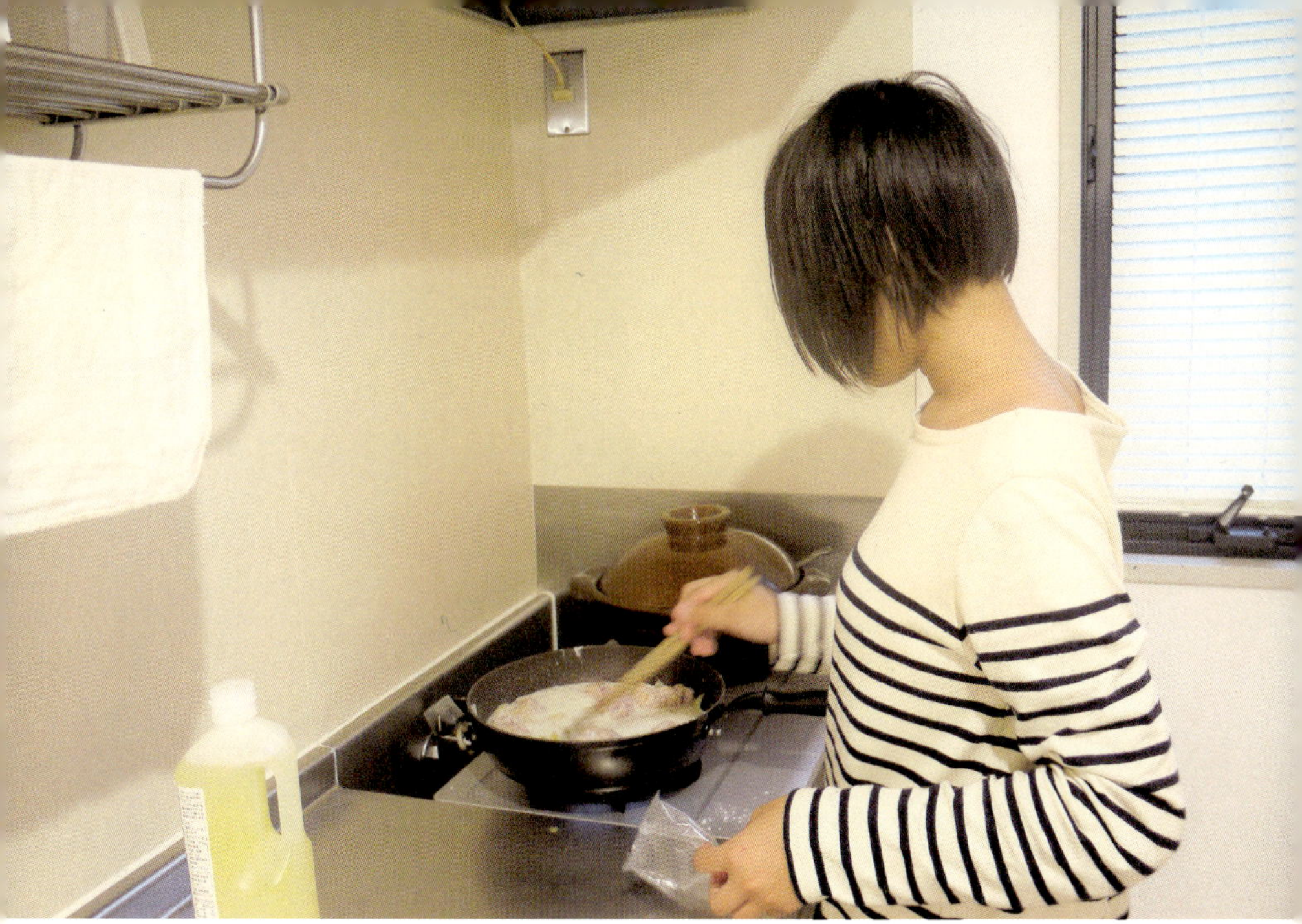

## 役割を与える、ごほうびを使う

娘は金欠でピンチのとき「私、今晩何か作ろうかな」と言ってきます。わが家ではお手伝いは対価性のため、小遣いが足りなくなったらお手伝いが急増。暮らしにかかるお金は知って欲しいので、家庭内経済活動を推奨しています。ちなみに、お手伝いは1回100円。

お手伝いの分担は、息子が風呂や食器洗い、娘が料理と洗濯干し。もちろん最初は横について、「わからなければ聞いて」と声をかけます。放置せず、見守る。アドバイスを求められたら、答えられる距離にいます。

そして、子どもが手伝いやすいよう、事前の準備を入念に。浴室洗いのブラシは子どもの手にフィットするもの、うっかり流しやすいお米は無洗米、とお膳立てをするのは親の役目です。

## 育児の教科書

この本はコーチングの第一人者が書いた人材育成術の本で、寓話「ウサギとカメ」を題材に、ウサギを勝ちに導くコーチの立場で書かれています。

私と娘は似ているところがあって、型にはめられるのが大の苦手。たとえばマラソンのフォームなら、それがでたらめなものであっても調子よく走れているのだったらそれでいい、と考えます。まるでウサギのように自由に飛び回る彼女と向き合うために手にしたこの本からは、子育てのヒントをいくつも得ることができました。味方でいる、と決めること、会話のキャッチボールをすること、容易にアドバイスをしないこと、などなど。

今でも時折、子育ての基本に立ち返りたいときに手に取る、大事な育児の教科書です。

## 子育てで大事にしたいこと

子どもが独り立ちするまでおよそ10年。
生きる力を育むために、
親としてできることすべてを注ぎます。

### 大人こそ謝る

あるとき、私のデジカメを娘が使い、SDカードを紛失するという事件がありました。SDカードのありかを「知らない」と言う娘に激怒した私。でも、娘もデジカメを使うことを知っていて、紛失する可能性はあると分かっていたのに手を打っていませんでした。「管理を怠った私も悪かった」と謝ることで、事態が収拾。

### 失敗はほめる

人生はトライ＆エラーの繰り返し。成功よりも一歩踏み出すことが大事なので、子どもには「0よりは1」と教えています。やってみたいと思ったことはなんでも挑戦し、失敗したら「よし、よくトライした！」とほめ、次に生かせばいいと伝える。そうすれば、人生に臆病にならないような気がしています。

### 100％でなくてもいい

ときどき、娘が洗濯ものを干すのを手伝ってくれます。最初のうちは洗濯ものがくしゃくしゃで、干す間隔もマチマチ。つい口を出しそうになりますが、信頼して任せます。慣れてきたら、「しわを伸ばして干す」とひとつ課題を出します。お願いするときは、1回にひとつずつがルール。いきなり100％を目指さないことで、うまくいきます。

### 話を聞く、一緒に遊ぶ

話を聞くことと一緒に遊ぶこと。親が子どもにできるのは、この2つだと思います。子どもの話は6～7割が他愛もないこと。でも背中を向けると、子どもは「聞いてもらっていない」と思い、何かあったときに話そうとしません。だから、普段から子どもの話に耳を傾ける。そのために私は、夕方を子どもと過ごす時間に充てています。

# 毎日の家事に「余力」を残す

ブログでたまに、「家じゅうがピカピカなのだから、料理もちゃんと作れば主婦として100点満点。なぜやらないのですか?」と聞かれます。「料理が苦手」というのもありますが、それ以上に大きな理由があります。

家事を頑張り、自分に余裕がなくなると、イライラして周囲に当たりがちになります。そうはならないよう、無理のない範囲で家事をこなす。これは好きな掃除や洗濯も同じで、いくらでもやれそうなときでも、楽しいと思うところでやめるようにしています。

バネを目一杯伸ばすとバチンと切れてしまうのと同じで、常に3~4割の力を発揮し、余力を残す。余力があるからこそ、いつも笑顔でいられ、子どもの話にも耳を傾けることができるのです。

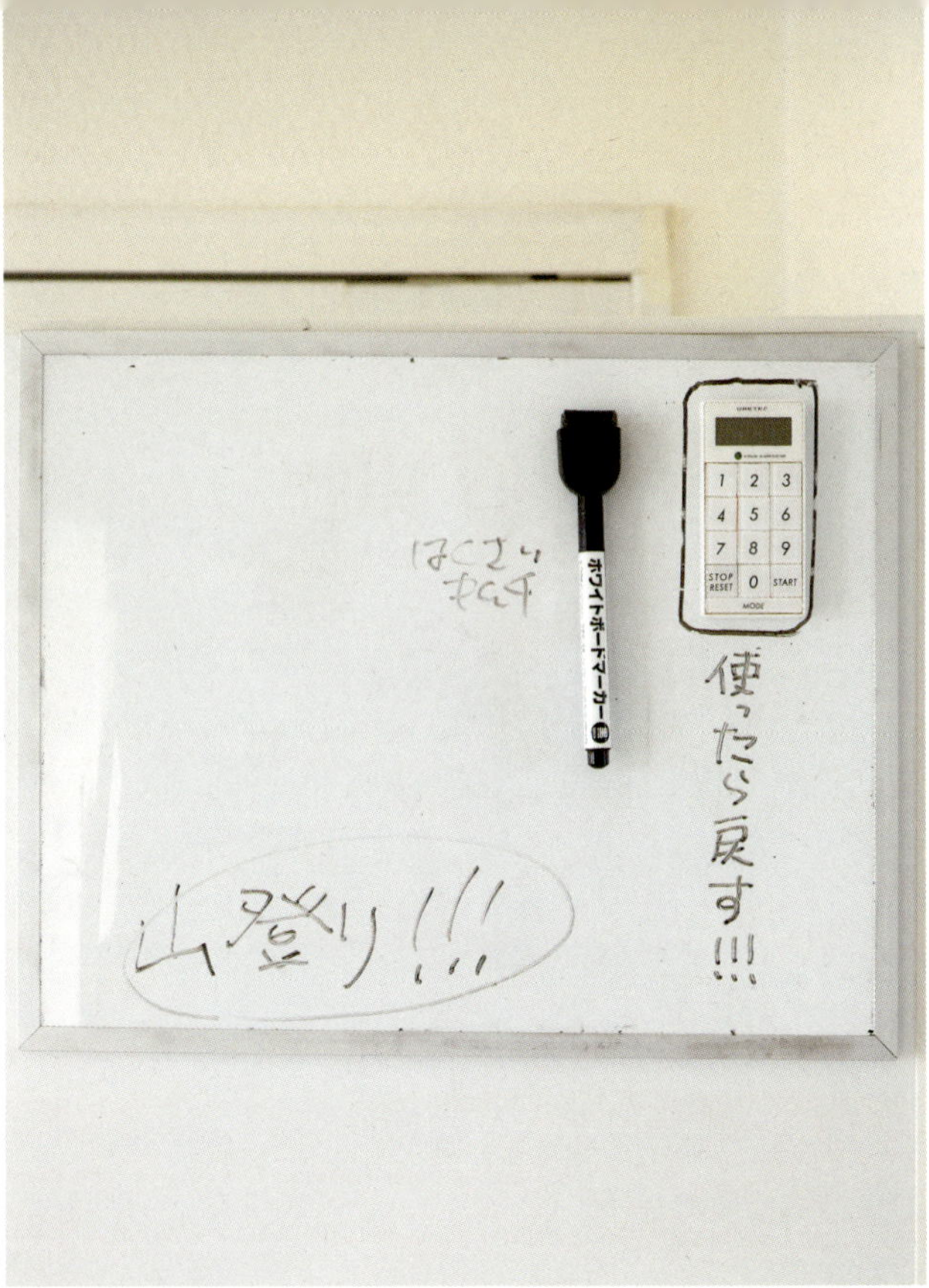


## ホワイトボードは家族の伝言板

ストックを持たない暮らしでは、ものを買い忘れると家族の生活に影響が出ます。それを防ぐために、ホワイトボードを導入し、気づいたときにメモ。冷蔵庫なら家事の途中でも書け、イヤでも目に入るので忘れません。書いたものは、買いもの前に紙にメモし、それだけを買うようにしています。

また、子どもたちのメッセージを聞き逃さないよう、親子の伝言板としても活用。「大切にしていることや伝えたいことをなんでも書いてね」と伝え、コミュニケーションの場にしています。「おかあさん、わたしがおさらをあらったよ」、「〇〇〇とかへいく」、「アイスきんし」などなど、子どもの声はほほえましく、私にとっては小さな娯楽にもなっています。

## 情報もミニマルに

情報はツールを管理して、
オンとオフを切り替えます。
時間の使い方が変わると、
暮らしのサイクルが好転。

### パソコンは使う時間を決める

パソコンを使うのは、朝と夜の1時間。すぐ立ち上がる状態にせず、使用時に取り出し、使用後は押し入れにしまっています。

### あえて
### ガラケーを使う

四六時中気にしなければならないスマホは、小さなプレッシャー。ガラケーで、必要な用件だけをやり取りしています。

### 本を楽しむ時間を作る

だらだらとネットを見るのをやめ、その分の時間を読書に充てています。図書館やブックカフェ、電子書籍をフル活用。

季節の移ろいと同じで、
感情や体調は日々変化します。
私なりに、ダメージを最小限に抑える
方法を見つけています。

## 心と体の調整術

### 疲れを楽しむ

「家事は3割の力で」がモットーですが、天気のいい日は別。普段は手が回らない場所を掃除したり、家具や壁のメンテナンスに精を出したり、出力全開で家事をこなします。すると、1日を終える頃には、「私、よく頑張った！」と達成感がひとしお。心地よい疲れが自分をほめてくれるようで、家事の好循環につながっています。

### 怒りは自分を傷つける

腹が立つことがあったら、その日1日は心の中で相手を思いっ切り罵倒します。怒りをムリに抑え込まず、怒りを自分に許すのです。怒りを出し切ると、事態を冷静に受け止めることができ、怒りのボルテージが下がるもの。怒りをずるずるとひきずっていては自分が傷つくだけで、相手はお構いなし。結局、自分自身を一番傷つけます。

### 5分にすら手が届かない

家事や子育てに追われて、気がついて手を触るとガサガサ……。そんなとき、「ハンドクリームを塗る、その5分すら捻出できなかった自分って？」と落ち込みます。今日1日の時間の使い方はどうだったのか？　ガサガサの手が感情と体調のバロメーターになり、気持ちのゆとりの大切さを教えてくれます。

## 問題は「家族会議」でスピード解決

「僕のアイスを食べた！」、「お兄ちゃんがゲームの時間を守らない！」etc．家族のもめごとが勃発したら、当人から「今日は家族会議をしたい」と申し出があります。

夕食後に家族全員がリビングに集まり、家族会議を開始。まず私から状況を説明し、続いて両者の言い分を発表。みんなで意見を交わし、最後に家族会議を申し出た本人が解決策を決めます。自分で決めた限りは、その後の行動の責任を取らなければならないため、子どもたちは必死。もちろん、大人から家族会議を申し出ることもあります。

息子の就学前に始めた家族会議ももう6年目。普段から家族が置かれている状況を把握できるので、家族の一大事にすぐ対処→行動に移せて、役立っています。

# ミニマリストは非常事態に強い

病気で倒れた、家族が入院した、親戚に不幸があったetc. 日常のすぐ隣にある危機に直面しても、わが家は変わらず日常生活を送ることができます。

私が家にいなくても、夫の号令のもと、息子は掃除や洗いもの、片づけ、長女は料理と洗濯干しと、普段やっていることを分担してこなせばOK。家事の道具も見てわかるほどしかなく、家族全員が収納場所を把握しているので、探すのに迷いません。使用頻度の低いものも、電話1本、遠隔操作で伝わります。

中国には「有銭出銭、有力出力」（互いにある能力を出して助け合うという意味）という諺がありますが、まさにその通り。家族が家事の役割を分担・連携すれば、ささいな非常事態はたやすく回避できます。

「ものが少なくて暮らしていけるの？」、
「家族は窮屈な思いをしていない？」etc。
そんなミニマリストへの
素朴な疑問にお答えします。

## ミニマリストへの
## Q&A
## 何でもお答えします！

### Q1 ミニマリストになろうと思ったきっかけは？

以前管理していたブログのリンクがミニマリストというカテゴリーに貼られていて、「**それって何？**」と調べ始めたのがきっかけです。

### Q2 どうやってものを減らしたの？

元々ひとつ買ったらひとつ手放すタイプ。転勤族で引っ越しを繰り返すうちに、**段々と減ってきた感じです。**

洋服はミニマリストというライフスタイルを知ってから、実験的に試すようになってさらに減りました。

### Q3 捨て魔なんですよね？

**捨て魔じゃないです。**つい最近、バッグの中にしまったバッグの存在を忘れ、カビだらけにしてしまったほどですから。

### Q4 ケチなの？

違います。どちらかというと、「**コレ！**」**と思ったら値段を問わず買うほうです。**たとえば、リビングのこたつの天板は５万円、SEIKOの時計は３万円しました。

### Q5 少ないもので暮らしは回るの？

回っています。自分にとって、ムダなものがないだけで、**必要なものはあるからです。**

### Q6 なんにもなくて、つまらなくない？

**逆に、楽しいです。**ものが多かったときには気づかなかった、
季節の移ろいや日々の変化を感じ取ることができて、心が躍ります。
あと、家族で過ごす時間も増えました。

### Q7 「いつも同じ服」って思われたらどうしようと気にならない？

気になりません。なぜなら、似合う服を鉄板コーデで着る、つまり
自分にとってベストの選択をしているからです。実際そう言われた
こともなく、逆に「**それどこの？**」と聞かれるようになりました。

### Q8 ミニマリストのやまさんでも、たくさん持っているものとは？

扇風機を３台、はさみを３つ、タオルは20枚……と
**必要に応じた数を持っています。**

### Q9 ご主人はなんと言っているの？

**「暮らしやすい」と喜んでいます。**
この物量なら最悪、家族４人１ＬＤＫの
家でも暮らせるので、「住む家の心配をしなくても済むね」とも。
家や引っ越しはもちろん、暮らしにかかるお金が少なくて済むため、
「今の暮らしを維持しなきゃいけない」というプレッシャーからも
解放されるようです。私も「健康な体と精神さえあれば、
何とでもなる！」と伝えています。

### Q10 今、幸せですか？

**幸せなときと辛いときと半分半分です。**
日々の移り変わりと同じで、私にも気持ちの波はあるので。でも、
毎朝５時には健やかな気持ちで目覚めるようになったことも、確かです。

**この本には、必要最小限のものでも
豊かに暮らすヒントがつまっています。**

# おわりに

私は片田舎に住む地味な主婦です。この度、本を作るという大それたことが実現してしまい正直戸惑っております。この本を手に取って頂き、買って下さる方が本当にいらっしゃるのだろうか……？　と、思ってしまいますが、これを読んで下さっているということは幸運にもあなたと出会えたということで嬉しく思います。

主婦の私は魔法を使えるわけではありません。片づけられない家族に魔法をかけたり、片づけられるようにする呪文を唱えることはできませんが、一緒に暮らしを考えることはできるんじゃないかな？　と思っています。片づけが苦手なわが家の子どもたちを「変える」ことはできなくても、彼らを観察し、一緒に話し、一緒に考えることはできたからです。わが家は家族みんなで一人一人の「困った！」に向き合ううちに、「ものを持たない」暮らしになり、暮らしを通してたくさんのことを知ることができました。

朝、季節によって庭で鳴く鳥の鳴き声が違うこと。何もない部屋に差し込む光が四角いオブジェのようで絵になること。昼下がりにかけるアイロンがじつは楽しいこと。注意しても「反省してるの？」と思っていた子ども達が、幼いながらに一生懸命考えていたこと。マイペースだと思っていた夫が、家族をよく観察していて彼なりに家族を大切に想ってくれたこと。そして私自身も、よかれと思ってやっていたことがじつは失敗も多かったこと……たくさんありました。

「やまさん、ミニマリストの本を作りませんか？」そう初めに誘って下さったのはワニブックスの編集者、佐々木典士さんでした。ベストセラー『ぼくたちに、もうモノは必要ない。』の著者でもある方です。ライターとして参加して下さった浅沼さん。浅沼さんは苦手な整理収納を克服したいと、１０００人以上のご自宅を取材された方です。ブログを日々応援して下さったみなさま。そして、本を手に取って下さった、あなた。本当にありがとうございました！

STAFF

撮　影　川井裕一郎
やまぐちせいこ
編集協力　浅沼亨子
デザイン　桑山慧人（prigraphics）
校　正　玄冬書林
編　集　佐々木典士

# 少ない物で
# すっきり暮らす


著者　やまぐちせいこ

2016年2月10日　初版発行
2016年3月25日　3版発行

発行者　横内正昭
編集人　青柳有紀
発行所　株式会社ワニブックス
〒150-8482
東京都渋谷区恵比寿4-4-9
えびす大黒ビル
電話　03-5449-2711（代表）
03-5449-2716（編集部）
ワニブックスHP
http://www.wani.co.jp/
WANI BOOKOUT
www.wanibookout.com

印刷所　凸版印刷株式会社
DTP　株式会社 アレックス
製本所　ナショナル製本




ISBN 978-4-8470-9426-2